共同富裕背景下的
乡村振兴发展模式：理论与实践

徐丽华　施益军　吴亚琪　著

中国建筑工业出版社

图书在版编目（CIP）数据

共同富裕背景下的乡村振兴发展模式：理论与实践 / 徐丽华，施益军，吴亚琪著. —北京：中国建筑工业出版社，2023.10

ISBN 978-7-112-29197-7

Ⅰ. ①共… Ⅱ. ①徐… ②施… ③吴… Ⅲ. ①农村经济发展—经济发展模式—研究—中国 Ⅳ. ①F323

中国国家版本馆CIP数据核字（2023）第186478号

本书基于共同富裕与乡村振兴发展的战略背景，在广泛参阅国内外研究相关文献和研究报告的基础上，系统探讨了共同富裕与乡村振兴战略实施的背景、乡村振兴发展的理论现状与实践案例、共同富裕背景下的乡村振兴发展内涵与模式以及浙江省在不同层面的实践探索。

责任编辑：刘文昕
责任校对：党 蕾
校对整理：董 楠

共同富裕背景下的乡村振兴发展模式：理论与实践
徐丽华 施益军 吴亚琪 著

*

中国建筑工业出版社出版、发行（北京海淀三里河路9号）
各地新华书店、建筑书店经销
北京建筑工业印刷有限公司制版
建工社（河北）印刷有限公司印刷

*

开本：787毫米×1092毫米 1/16 印张：12¼ 字数：210千字
2023年10月第一版 2023年10月第一次印刷
定价：**60.00**元
ISBN 978-7-112-29197-7
（41718）

电话：（010）58337283 QQ：2885381756
（地址：北京海淀三里河路9号中国建筑工业出版社604室 邮政编码：100037）

前　言

2022年，《中共中央 国务院关于做好2022年全面推进乡村振兴重点工作的意见》文件提出，“扎实有序做好乡村发展、乡村建设、乡村治理重点工作，推动乡村振兴取得新进展、农业农村现代化迈出新步伐”。乡村振兴作为国家战略，是我国新型城镇化稳步推进的重要支撑性力量。长期以来，我国传统城乡二元结构限制了城市和乡村之间的产业、经济、文化流动。在当前乡村振兴背景下，亟待破解城乡二元经济结构难题，促进各类资源要素在城乡间不断流动，实现乡村农业机械化水平、基础设施、农业技术的提高优化，推动城市的非农就业率和市民化进程有序推进。

共同富裕是实现我国社会主义现代化的重要目标之一。从精准扶贫到乡村振兴，其目的均是致力于缩小地区之间、城乡之间和居民之间的收入差距。因此，从根本上来说，实现共同富裕是社会主义的本质要求，而要实现共同富裕，乡村振兴是必经之路。遵循新时代共同富裕的内涵才能深刻全面地认识共同富裕目标下乡村振兴的内涵，把握住乡村振兴的方向和脉搏。“产业兴旺、生态宜居、乡风文明、治理有效、生活富裕”的乡村振兴战略总要求，充分体现了实现共同富裕的内在要求，包括产业振兴、人才振兴、文化振兴、生态振兴、组织振兴在内的乡村全面振兴，对于实现全体人民共同富裕具有全局性和历史性的重大意义。

本书基于共同富裕与乡村振兴发展的战略背景，在广泛参阅国内外研究相关文献和研究报告的基础上，系统探讨了共同富裕与乡村振兴战略实施的背景、乡村振兴发展的理论现状与实践案例、共同富裕背景下的乡村振兴发展内涵与模式以及浙江省在不同层面的实践探索。本书共分为三个部分13个章节，全书由徐丽华、施益军、吴业琪构思、整理、撰写、统稿并审定完成。在本书酝酿、成稿过程中，许多研究生参与了原始素材的整理和校稿等工作，在此深表谢意。具体章节分工如下：

第一部分　理论篇

第 1 章　绪论（施益军，徐丽华）

第 2 章　乡村振兴发展的理论基础与趋势（杜文瑄，何静娟，施益军）

第 3 章　国外乡村振兴发展案例介绍（吴金贤，吴亚琪）

第 4 章　我国乡村振兴的发展历程与现状（孙绍鑫，施益军）

第 5 章　共同富裕背景下的乡村振兴发展模式（陈希帆，杜文瑄，徐丽华）

第二部分　区域篇

第 1 章　浙江省乡村振兴实践（童安琪，杜文瑄，徐丽华）

第 2 章　山区 26 县乡村振兴实践（夏梦迪，陈希帆，施益军）

第 3 章　市级层面乡村振兴实践（何静娟，吴金贤，吴亚琪）

第 4 章　县域层面乡村振兴实践（孙绍鑫，吴金贤，施益军）

第三部分　实践篇

第 1 章　青南村——绿色发展助推乡村共富实践（沈一凡，吴亚琪）

第 2 章　孝村——文化驱动助推乡村共富实践（高泽一，徐丽华）

第 3 章　希唐村——产村融合助推乡村共富实践（石宇航，施益军）

第 4 章　纸山小镇——品牌打造助推乡村共富实践（陈温特，吴亚琪）

本书可供从事乡村规划与设计、乡村发展、乡村治理等领域的政府部门和科研院所的科技工作者以及其他相关人员阅读参考使用。作者在编写过程中参阅了大量国内外文献、应用案例以及网络资料等内容，在此向各位原作者表达诚挚的谢意。感谢中国建筑工业出版社的刘文昕老师在出版过程中给予的帮助。由于作者水平有限，书中难免有不足和纰漏之处，恳请读者不吝赐教。

目　录

第二部分 区域篇

第三部分 实践篇

注：本书图表、照片，除注明出处外，均由作者绘制、拍摄。

第一部分

理论篇

第1章　绪论

1.1　乡村振兴战略的实施背景

随着乡村价值认知和乡村经济发展的持续推进和完善，中国始终将“农业、农村和农民”问题置于重要的战略高度和核心地位（王思斌，2021），通过实施农业合作化、新农村建设、城乡统筹、城乡融合发展、新型城镇化、乡村振兴等相关战略政策，致力于减少城乡居民收入差距、缓解乡村贫困（刘彦随，2018）。20世纪70年代末开始采用家庭联产承包责任制改革传统的农业生产方式，提高农业生产效率和农民积极性；90年代初，提出新农村建设需要借助城乡统筹的资源平台，维护乡村利益；21世纪初从科学发展观的角度对“三农”问题提出了解决性措施（闫书华，2022；胡惠林，2022）；乡村振兴战略也是新时代下实现共同富裕发展、解决三农问题的重要举措。中国乡村发展路径自1949年以来经历多次转型，在产业类型、经济增长、经营模式、生态景观、村落格局、功能承载、生活方式等方面呈现出多元性特征（黄薇，2015），近年乡村发展政策大致可以分为4个阶段（图1–1）：一是2004—2005年间的乡村建设探索阶段；二是2006—2011年间的产业带动发展阶段；三是2012—2016年间的城乡产业共创阶段；四是2017年以来的乡村振兴发展阶段。中国乡村发展导向由美丽乡村时期的“环境整治”发展至“共同富裕”，基于“产业兴旺、生态宜居、乡风文明、治理有效、生活富裕”的发展要求，重视乡村发展内生动力，建立健全城乡融合发展体制机制，推动乡村市场化、现代化进程（韩保江，2021）。

21世纪以来，在中国乡村建设的政策和实践层面下，乡村振兴战略的投入和政策力度不断增加，乡村居民收入和生产生活环境显著提升（颜奇英，2021；王文龙，2020）。乡村在城乡关系中由过去的城市先导性经济带动，转向城市发展的重要组成部分（于浩，2021），乡村内生潜力的挖掘、居民主体的参与和文化空间的传承，也激发了新的乡村发展路径（韩冰，2017）。乡村发展研究也从城市带动、城乡一体、城乡融合到乡村主体转型（孙敬良，2015），乡村功能内涵覆盖生产、生活、生态的系统性综合要素，认为乡村振兴的最终目标是提升乡村价值和发展潜力，实现乡村经济水平提升和居民生活质量优化。

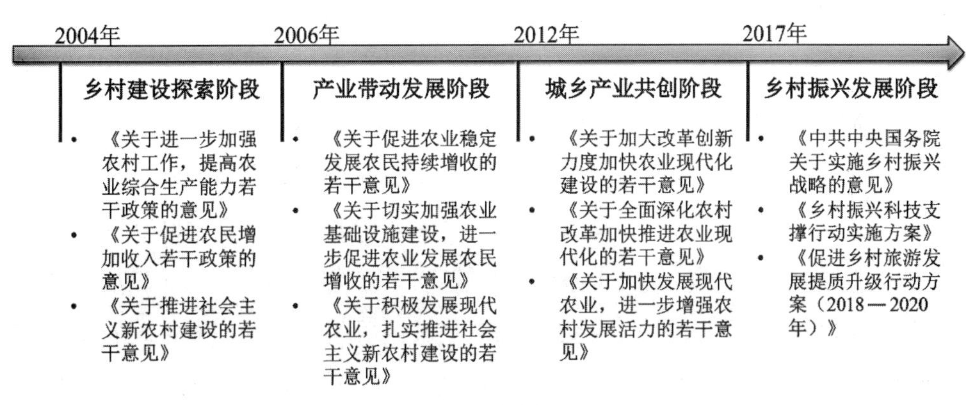

图 1–1 我国乡村政策发展历程

中国的乡村振兴发展是基于各个阶段对于乡村发展问题和现状的客观认知，并在产业模式、生态保护、生活方式、体制机制等多角度对乡村振兴战略和政策的摸索与创新的过程（李裕瑞，2022；胡丽平，2021），逐渐实现了城乡要素流动和产业互动融合（鹿风芍，2020；侯燚，2020）。但乡村建设存在较多的问题，如乡村经营模式不完善、主导产业类型单一、地区性品牌较少、乡村文化重视度较低、新型农业人才缺少、建设资金不足、乡村老龄化等（崔理想，2021；汪彩琼，2012）。基于新发展时期下乡村建设仍旧面临诸多挑战的现状，探索符合新时代中国特色社会主义要求的乡村振兴治理路径和发展措施，这就是本书所希望实现的目标。

1.2 共同富裕战略的实施背景

共同富裕是社会主义的本质要求，其内涵具有鲜明的中国特征和中国特色。实现共同富裕是中华民族几千年来的共同愿望，早在春秋战国时期产生的大同思想就是对共同富裕愿望的体现。在我国社会主义发展道路上直到 1984 年领导人第一次使用共同富裕这一概念，也就是平常所说的“先富带动后富”。在当前发展格局下，结合当前生产力和经济发展情况，我国提出了到 2035 年，实现“人民生活更加美好，人的全面发展、全体人民共同富裕取得更为明显的实质性进展”。这意味着我国对共同富裕的理解和实践有了新的突破。

当前我国经济发展迅速，已经从改革前的经济落后国家发展成为中等以上收入的国家。改革开放初期的1980年，我国国内生产总值为4587.6亿元，1990年为18872.9亿元，再到21世纪初的100280.1亿元，实现了生产总值翻一番的增长速度。2010年，国民生产总值突破400000亿元，在2020年乡村振兴和消除贫困等一系列的政策下，我国2020年国内生产总值达到了1015986亿元，国内生产总值日益腾飞（图1–2）。多年来，我国行业间、地乡间的经济差距整体上不断缩小，但是总体差距还是偏大，国内收入分配不平衡（岳国芳，2020）。从城乡居民人均可支配收入来看，自1980年的城镇居民人均可支配收入的477.6元和农村居民人均可支配收入的191.3元至2020年城镇居民人均可支配收入的43833.8元和农村居民人均可支配收入的17131.5元，40年间的可支配收入大幅度提高。从城乡居民人均可支配收入比来分析，由1980年的2.50变为2020年的2.56，城乡之间的可支配收入差距还是存在一定距离（张丙宣，2019）。从基尼系数来看2003年以来我国居民收入的基尼系数一直在0.46以上，截至2020年，基尼系数为0.47。国内发展存在较大的不平衡不充分问题，有必要实行共同富裕政策。我国实现共同富裕最大的难点和重点在农村（张新宇，2019），需要积极推动乡村振兴工作，补足乡村发展短板，实现城乡共同发展，缩小城乡差距（中共中央党史和文献研究院，2019）。

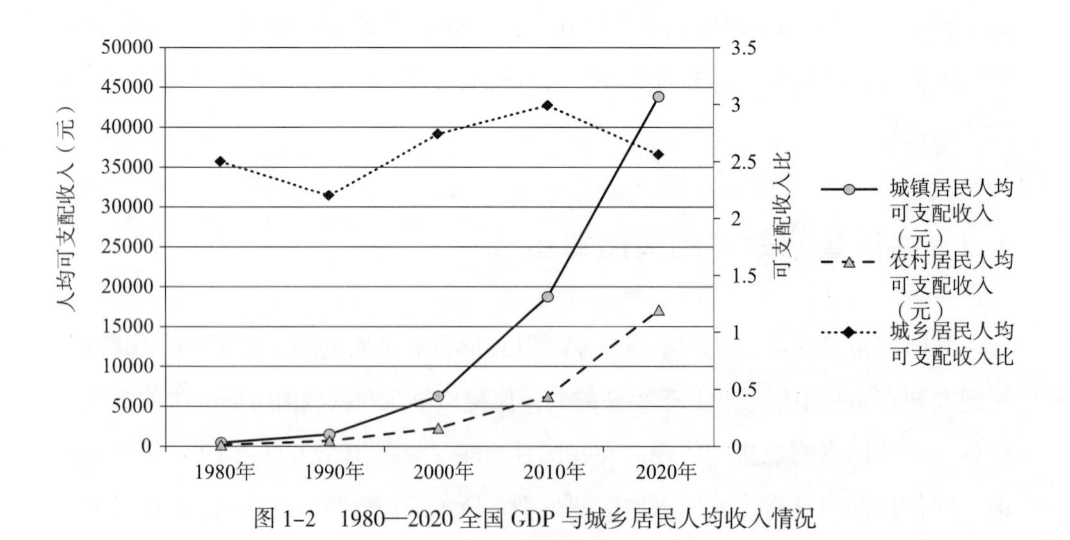

图1–2　1980—2020全国GDP与城乡居民人均收入情况

（数据来源：国家统计局）

1.3　研究意义

1.3.1　理论意义

（1）优化乡村振兴方法

系统性的乡村振兴研究能够有效梳理乡村发展逻辑和内在机理，优化现有的乡村振兴工作的不足，提出乡村发展的开发建设与乡村振兴的启示。本书基于国内外乡村振兴建设的时代背景和鲜活实践，基于案例自身路径及实效进行实践总结和理论发掘，并结合中国共同富裕发展阶段背景下关于乡村振兴及乡村工作的现实需求，提出了有关乡村振兴发展模式和类型，有利于对探索并推广乡村振兴高质量的多元路径提供更细致的指导（吴碧波，2022）。

（2）活化乡村文化传承

在城乡文化交融时，既要保留优秀的传统文化延续，也要容纳城市现代元素，在家风家训、民风民俗的乡村居民日常生活方面和乡村研学、森林康养等乡村产业方面，丰富其文化表现形态，以传统文化为基底，延续和激发地方性乡村文化特色，增强乡村文化的内在价值和吸引力，推动乡村社会共同体的凝聚以及实现文化保护振兴。

（3）完善乡村组织治理方法

当前，乡村组织治理存在着主体流失、制度不足、资本匮乏、单一的问题，难以解决新时期下复杂多样的乡村组织振兴和治理需求。乡村振兴战略强调通过自治、法治、德治结合的新型乡村治理体系能够重塑乡村组织秩序、提升乡村振兴制度效能的优势。以居民自治为主体，实现乡村居民的社区参与和积极性，以居民自治再造主体活力；以德治为支撑，乡村社区作为地缘、血缘为纽带的同构社会群体，共同的社会需求和情感认知能够约束居民的行为，发挥道德伦理、乡风民俗等传统文化在乡村组织治理的重要性作用；以法制为规范，一切乡村居民行为不得超出法律界限，在乡村基层党组织统筹下实现乡村治理方法的完善优化，实现治理有序、制度高效、和谐发展的新型乡村社区（郭占锋，2022）。

（4）准确把握乡村振兴的实践方向

乡村振兴的发展应当按照产业兴旺、生态宜居、乡风文明、治理有效、生活富裕的总体方针（于东超，2021），并积极应对新的发展情况和乡村三农问题，将研究性工作运用到广大乡村实践探索中，在乡村的农耕文明景观上加入现代要素，优化基础设施配置，实现城乡融合。综合性的乡村研究工作能够在艰巨性、长期性的乡村振兴战略实施中，按照把握乡村发展特点、发展方向、明确发展目标，发挥乡村居民、政府、市场、新型经营主体等内部和外生力量，借助科技溢出、市场参与、教育培训等方法拓展乡村振兴发展成果，驱动乡村振兴高质量发展（李兴洲，2021）。

1.3.2 实践意义

（1）乡村振兴为新型城镇化提供了重要支撑

乡村振兴是新型城镇化稳步推进的重要支撑性力量。第一，传统城乡二元结构限制了城市和乡村之间的产业、经济、文化流动，在乡村振兴背景下，破解城乡二元经济结构难题，促进各类资源要素在城乡间不断流动，乡村农业机械化水平、基础设施、农业技术的提高优化，更多乡村人口向城市迁移，推动城市的非农就业率和市民化进程。第二，乡村与城市之间有着显著的功能性差异，提供充足的必要生产生活资料（易忠君，2021）。第三，乡村振兴战略实施促进了各类产业规模扩张，产业配套设施完善，就地城镇化建设也提高了乡村居民的收入水平和乡村发展质量，同时刺激了城乡消费力度增长和促进城乡共同繁荣（颜培霞，2021）。

（2）优化乡村产业结构，实现产业振兴

“产业兴旺”作为乡村振兴五个维度的重要组成部分和支撑性力量，实施乡村振兴战略能够推进乡村城镇化发展进程，致力于多类型产业、农业产业规模化、产业链延伸、产业结构优化和城乡经济发展均衡化，实现以农民为实践主体、政府部门、市场、新型农业经营主体、科研机构等多元参与，以村庄为生产生活载体的乡村产业振兴路径。最终提高乡村居民的收入水平，使得城乡居民共享发展成果和教育就业、社会保障、基础设施配套等方面的权利待遇，协同人才、文化、生态与组织的其他乡村振兴维度，达到共同富裕的目标（袁新国，2021）。

（3）建立人才培育机制，推动乡村建设

在《关于加快推进乡村人才振兴的意见》中，关注对不同类型的人才的培育模式，具体包括农村农业生产、乡村公共服务、产业经济发展、电商人力资源、生产经营、社会组织治理及农业科技等方面，乡村人才培育机制是实施乡村振兴背景下乡村发展路径的重要推动力量。

乡村振兴战略中，人才培育机制由基础设施建设和人才资源培养组成。在基础设施方面，政府部门应该发挥统筹协同作用，引导科研机构、市场企业、高校等各个主体，建立统一的人才培育平台，融合资金来源、经费投入、技术合作等多功能以强化平台的功能作用。人才资源培养方面，注重乡村讲堂、农村职业教育、乡贤管理服务等教育环境与氛围的营造，借助各类教育培训资源，以区域产业发展、市场需求、乡村人才定位等为基本导向，在技术学习和实践工作中培育出能够服务乡村振兴建设和乡村治理能力现代化的人才，积极调动乡村资源要素、实现城乡人才合理配置和乡村稳定发展（吴银银，2022）。

（4）有机协调经济生态高质量发展

乡村振兴战略强调经济发展应该兼顾不同乡村产业类型生态环境保护。在农业经济方面，乡村振兴战略通过建设农业生态旅游、云灌溉系统、高标准农田等技术手段和政策项目，打造农业发展生态链，利用当地乡村文化资源、农业资源、乡土资源、红色旅游资源，打造休憩度假的生态农业旅游基地（狄东睿，2021）。在工业经济方面，乡村振兴战略改善传统城乡统筹时期的低效能工业园区，以创新要素注入推动向第三产业的现代化转型升级，在产业发展中减少废水污水排放、推动能源阶段、资源循环、回收利用技术实施，借助核心技术提高产品附加值，实现共同富裕下的乡村产业多元融合发展、经济生态增长协同的乡村振兴路径（陈志军，2022）。

参考文献

[1] 陈志军，徐飞雄．乡村旅游地旅游发展对乡村振兴的影响效应与机理——以关中地区为例［J］．经济地理，2022，42（02）：231-240.

[2] 崔理想．数字驱动乡村振兴的实践策略［J］．农村经济与科技，2021，32（23）：225-227.

[3] 郭占锋，王懿凡，李钰肖．乡村振兴战略中的“三治融合”：何以可能？如何为之？——基于陕西省X市的考察［J］．中共福建省委党校（福建行政学院）学报，2022（01）：129-137.

[4] 国家统计局．中国统计年鉴2021［M］．北京：中国统计出版社，2021.

[5] 韩保江. 乡村振兴与新型城镇化协同发力 [J]. 中国金融，2021（08）：29–31.
[6] 韩冰，史亚军. 农村文化产业资源类型及其价值分析 [J]. 中国农学通报，2017，33（09）：159–164.
[7] 贺琳凯. 贫困治理与乡村振兴的协同推进：时序、场域、制度与要素 [J]. 思想战线，2022，48（02）：138–145.
[8] 侯燚，蒋军成. 乡村振兴战略下文旅特色小镇持续助力精准扶贫研究 [J]. 现代经济探讨，2020（08）：125–132.
[9] 胡惠林. 没有贫困的治理与克服治理的贫困——再论乡村振兴中的治理文明变革 [J]. 探索与争鸣，2022（01）：129–141，148，180.
[10] 胡丽平，胡小康，熊炀，等. 乡村振兴战略视角下乡村旅游的发展路径 [J]. 科技导报，2021，39（23）：80–87.
[11] 黄薇，史亚军. 北京美丽乡村建设模式研究 [J]. 农学学报，2015，5（05）：118–122.
[12] 李兴洲，侯小雨，赵陶然. 从"脱贫攻坚"到"乡村振兴"：过渡阶段的关键问题与应对策略 [J]. 教育与经济，2021，37（06）：3–9.
[13] 李裕瑞，曹丽哲，王鹏艳，等. 论农村人居环境整治与乡村振兴 [J]. 自然资源学报，2022，37（01）：96–109.
[14] 鹿风芍，齐鹏. 乡村振兴战略中美丽乡村建设优化策略研究 [J]. 理论学刊，2020（06）：141–150.
[15] 汪彩琼. 新时期浙江美丽乡村建设的探讨 [J]. 浙江农业科学，2012（08）：1204–1207.
[16] 王丛，陈永明. 实施农业品牌战略打造辽宁"美丽经济" [J]. 农业经济，2018（11）：29–30.
[17] 王思斌. 乡村振兴中乡村社会基础再生产与乡镇社会工作站的促进功能 [J]. 东岳论丛，2022，43（01）：169–175，192.
[18] 王文龙. 落实乡村振兴战略应厘清五大问题 [J]. 吉首大学学报（社会科学版），2020，41（02）：82–90.
[19] 吴银银，洪松舟. 乡村振兴背景下乡村教育特色化发展的理论阐释 [J]. 天津师范大学学报（基础教育版），2022，23（02）：17–21.
[20] 颜培霞. 改革开放以来中国特色村的转型历程与创新路径——兼论对乡村振兴的启示与借鉴 [J]. 东岳论丛，2021，42（12）：124–132.
[21] 颜奇英，王国聘. 乡村生态振兴的实然之境与应然之策——基于江苏美丽乡村建设的研究 [J]. 江苏农业科学，2021，49（23）：8–14.
[22] 易忠君，王振中. 民族地区优势产业振兴路径的三重维度——以广西百色芒果产业

为例［J］. 资源开发与市场，2022，38（01）：93-98.
［23］于东超. 高等教育助力乡村振兴的时代诠释［J］. 中国高等教育，2021（22）：53-55.
［24］于浩，王玉，李柳笛，等. 农户参与电子商务的增收效应研究——基于内生转换模型的实证分析［J］. 世界农业，2021（12）：40-48，127-128.
［25］袁新国，王兴平. 先发地区乡村群发展路径探索——以锡山区环南青荡乡村群为例［J］. 现代城市研究，2021（12）：6-11.
［26］岳国芳. 脱贫攻坚与乡村振兴的衔接机制构建［J］. 经济问题，2020（08）：107-113.
［27］张丙宣，李程琳，陈其颖. 经营生态：美丽经济发展的逻辑［J］. 治理研究，2019，35（02）：50-57.
［28］张新宇. 乡村美丽经济的生成转化与创新发展——以天津为例［J］. 天津经济，2019（10）：22-26.

第2章　乡村振兴发展的理论基础与趋势

2.1　乡村振兴发展的理论基础

2.1.1　可持续发展理论

可持续发展理论是指既满足当代人的需要，又不会对后代人满足其需要的能力构成危害的发展，其最终目的是达到共同、协调、公平、高效、多维的发展。可持续发展理论有三大基本原则，分别为公平性、持续性、共同性（熊慧，2022）。可持续发展理论的形成和发展经历了长时间的历史积淀。20世纪50年代，人们在面对人口快速增长、经济高速发展和城市化快速推进所带来的资源、环境巨大压力下，对"增长=发展"的模式产生了怀疑（陈琪，2014），不少专家和学者对这一模式展开了激烈讨论。

可持续发展理论的形成和发展过程中，发达国家与发展中国家在认知层面上第一次出现一致的看法。可持续发展理论并不否定经济增长，而是以自然资源为基础，将经济增长与地区环境承载能力相协调；以提高生活质量为目标，将人居环境与社会进步相适应；并且承认自然环境的价值，是培育新的经济增长点的有利因素。

2.1.2　产业融合理论

产业融合是指不同产业或同一产业不同行业相互渗透、相互交叉，最终融合为一体，逐步形成新型产业的动态发展（金伊宁，2020）。产业融合可以分为三类，分别为产业渗透、产业交叉和产业重组。在经济全球化背景下，产业融合已经成为提高生产效率，增强企业竞争力的一种高效发展模式。

产业融合理论最早可以追溯到美国学者罗森伯格（Rosenberg）对美国机械设备产业演变的研究（吴平，2021）。综上所述，国外学者在计算机、传媒、电子、金融等方面的产业融合的相关问题进行了广泛研究，并且获得了丰富的研究成果。在经济全球化的时代背景下，深入、系统地揭示服务业内部行业以及服务业与制造业、农业融合的内在机理、表现形式及社会经济影响，把握全球经济服务化的实质，无疑将成为今后产业融合方面的一个重要研究方向（李美云，2005）。就农村产业融合发展实践来看，反向定制、产业链耦合以及混合经营可实现农业产业化模式创新、技术加速扩散以及农村集体经济组织的激活再造，新变量和新变化从不同方面、不同形式对促进农民增收致富（涂圣伟，2022）。

2.1.3 梯度与反梯度理论

梯度与反梯度理论是在国家或大地区经济开发中，按照各地区经济、技术发展水平，由高到低，依次分期逐步开发的理论（赖应辉，2008）。为制定国家或区域经济开发战略的基本理论之一，由中国学者夏禹龙等根据国外“适应理论”变异而成（夏禹龙，1983）。

第二次世界大战（简称“二战”）后，发展中国家希望早日实现现代化，极力推崇“起飞理论”，即采用最先进的科学技术成果，高速发展经济，最终跻身发达国家行列。但许多国家的实践表明，这种模式脱离本国国情，经济发展反而收效甚微。夏禹龙等在结合了中国国情的基础上，提出了梯度理论，认为中国经济发展在许多层面出现不平衡的现状，形成了“先进梯度”“中间梯度”和“传统梯度”。夏禹龙等学者认为区域经济发展应承认历史形成的技术梯度，让一些有条件的地区先掌握世界先进技术，然后将技术和经验向“中间梯度”“传统梯度”转移。通过技术和经验的加速转移，逐步缩小各梯度地区的差距（夏禹龙，1995）。

但是，有些学者认为梯度理论是一种静态定位理论，将地区发展固化为特殊的阶段，只注重发挥“先进梯度”地区的优势，忽略了待开发地区的潜力，因此，部分学者针对这一方面提出了反梯度理论。该理论承认和接受先进梯度地区优先接受高新技术但也认为中低梯度的地区也需要依据当地经济发展的需要和条件引进先进技术，发挥主观能动性，优先开发，充分发挥后发优势，成为新的经济中心。并形成自身累积优势，向原先进梯度地区反方向推移辐射，形成与梯度理论相反的发展模式。

2.1.4 “三主三分”理论

我国学者刘彦随等在乡村振兴大背景下，根据“多规合一”科学内涵，提出了“三主三分”的理论框架体系（Fu Bojie，2019；Liu Yansui，2018）。即基于地区发展定位和资源环境承载力评价，通过划分区域主体功能、主导功能、主要功能，系统详细开展区域功能分区、用途分类、管控分级（郭远智，2021），探索构建地域空间规划逻辑框架，构建“多规合一”的共建共享平台，建立健全县域空间规划体系。在此基础上，创新分层诊断、有序衔接、逐步调适的规划方法论，形成“多规合一”规划方案（Rosenberg N，1963；Cheng M，2019；图 2–1）。

“三主三分”理论在一定层面上对城乡建设用地的区位条件、人居环境等因素进行了综合评价，保证了城乡建设用地在开发时序、开发规模和开发强度上的科学控制，有利于引导土地利用方式和发展模式的科学转变（Long Hualou，2010）。

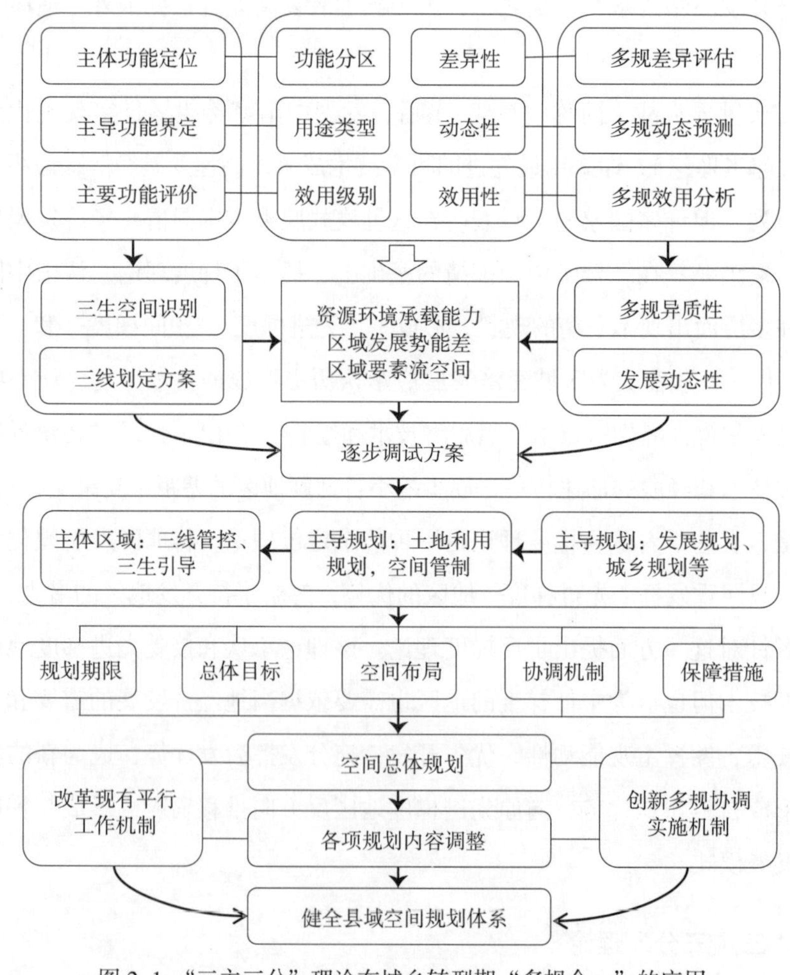

图 2–1 “三主三分”理论在城乡转型期“多规合一”的应用

［图片参考刘彦随（2021）绘制］

2.2　乡村振兴发展的研究现状与评述

随着乡村发展，相关的理论与实践研究不断完善与发展，中国乡村振兴价值认知由过去的以满足物质条件、生产导向的“农业现代化”，转向覆盖生产、生态、生活、文化的多方面统筹发展（文琦，2019），呈现关系从过去的城市带动乡村到“城乡统筹”下的城市向乡村的要素输入，再到“城乡融合”的新阶段，乡村人居环境和生产方式面临新的机遇和挑战。政府为应对新的发展需求，制定一系列时代性、连贯性的乡村发展和城乡协同策略，政策目标多维延展，组成内容丰富多样，相关研究成果不断出现。

具体乡村振兴发展内容主要分为乡村振兴概念界定、乡村振兴历程、乡村振兴理论及实践经验总结、乡村振兴评估方法和政策机制研究五个方面。

2.2.1　乡村振兴概念界定

国内外专家从不同角度阐述了乡村振兴的概念，并从多个角度分析了乡村发展理念（表 2–1）。国际上很早就关注乡村发展研究（Jordan H，2004；Woods M，2010；龙花楼，2012）。克洛克最早提出乡村振兴是一定乡村地区通过调整人口结构和密度、住户满意度、就业结构、交通格局等要素，提升村民的生活水平和生活方式的措施（Cloke P J，1977；Cloke P J，1978）；爱德华评价了英格兰和威尔士地域的乡村，将其划分为极度乡村、中等程度乡村、中等程度非乡村、极度非乡村和城市五个类型，指出乡村发展的概念涉及乡村社区、乡村生活方式、乡村文化等方面。

国内外乡村振兴概念界定　表 2–1

概念	参考文献
乡村振兴战略是在农村发展滞后的现实条件下提出的一种发展战略	Tian，2019
乡村振兴基于人口结构、居民感受、交通质量、社区治理等方面的综合乡村发展对策	Cloke P J，1977；Cloke P J，1978
农村振兴是中国农村发展的重大战略。高素质的人力资本是实现农村振兴的重要支撑	Ling，2018
乡村发展与经济水平、生活方式、文化类型有较高关联性，以此划分五类乡村社区	Cloke P J，1978
根据乡村价值的独特性和城乡关系的复杂性，可以实现不同类型乡村的经济社会发展和文化繁荣	张京祥，2014
乡村振兴战略施基于现代化乡村治理的生产、生态、生活的乡村治理方案	刘合光，2018

续表

概念	参考文献
乡村振兴应该实现“农业强起来、农民富起来、农村美起来”三项核心目标	刘奇，2017
乡村振兴更关注振兴乡村原有内生动力，包括是城乡基础设施、医疗保障等要素共融共享和乡村产业发展路径探索	刘合光，2021

国内乡村振兴研究较多的是在社会学和管理学界，将乡村振兴概念与乡村价值、城乡关系相结合探讨。乡村振兴是旨在解决乡村发展问题的综合的概念。其认为在人民日益向往美好生活的新时代，我们所需要的乡村振兴不单纯是某一领域、某一方面的振兴，而是既包括经济、社会和文化振兴，也包括治理体系创新和生态文明进步在内的全面振兴（魏后凯，2018）。张京祥等人强调乡村振兴的概念可分为两类，一是依照在城乡连续谱系中乡村所具有的独特性价值；二是城乡平等的互补关系下，乡村内部在经济、人居、治理和村民生计等方面实现自给与繁荣（张京祥，2014）。刘奇表示，乡村振兴标志性体现在“三个起来”，即让“农业强起来、农民富起来、农村美起来”（刘奇，2017）。刘合光认为乡村振兴区别于城乡融合发展理论，是指乡村重新恢复活力、实现繁荣兴旺的一种发展状态，其更关注乡村的繁荣发展（刘合光，2021）。

综上，我们可以看出乡村振兴的概念覆盖社会、经济、文化等方面，切入角度不相统一，逐步强调生产生活和生态的振兴。重点落实到具体的乡镇和村（社区），构建现代精细化产业形态，突出乡村本土化特征，以多方位多角度界定，以形成更为完善的乡村振兴概念。

2.2.2 乡村振兴历程

从国家和社会发展的整体角度出发，乡村振兴本质上是对乡村社会的重构，把握乡村振兴的发展历程是实现国家强盛、民族振兴、推动乡村建设发展的基础（黄详详，2019）。在国外乡村振兴发展历程方面，可分为整体与局部两方面。整体上，从物质层面到观念层面，我国学者总结韩、日、德、英、美等发达国家乡村建设运动后，将国外乡村振兴发展历程概括为三个阶段，分别为乡村基础设施转变阶段、乡村发展方式转变阶段和乡村思想转变阶段（王林龙，2018）。第一阶段从乡村道路、水电、电力和电信等基础设施项目入手进行完善，提高乡村的物质生活水平；第二阶段通过国家政策推动乡村产业融合发展，促进业态多元化，实现农民收入多样化；第三阶段采取“农村启蒙”一系列活动，加大文化建设力度，重视乡村教育。学者从城乡关系演进的视角将日本乡村建设划分为城乡二元初显阶段、城乡二元对立的加速阶段、城乡统筹的协调阶段、城乡一体化的振兴阶段（兰雪峰，2021；袁中金，2021）。部分学者从经济发展角度，将日本的乡村振兴分为粮食增产时期、快速经济增长时期、平稳增长时期与新发展时期（王鹏，2020；刘勇，2020）。罗璇整理相关文献资料，从政府政策角度对日本乡村建设进行梳理，认为其可分为四个阶段，小农经济和精耕细作阶段、扩大农业土地经营规模阶段、农村工业化阶段、发展复合型的“六次产业”阶段（罗璇，2021）。对韩国“新村运动”的发展历程总结最早源自张晓根，他提出韩国的“新村运动”可分为基础建设阶段、扩散阶段、充实和提高阶段、国民自发运动阶段、自我发展阶段（张晓耕，2006），其他学者对韩国乡村演变的划分相差无几。国外发达国家乡村振兴实践的过程积累了可借鉴的经验，局部符合整体，各国的发展历程虽有差异但大体相似。

也有学者对我国的乡村振兴发展历程进行了研究概括。董向东（2018）将改革开放以来的乡村振兴划分为“家庭联产承包责任制”“新农村建设”和“美丽乡村建设”（刘合光，2018）认为乡村振兴战略可上溯到“乡村发展”“新农村建设”和“美丽乡村建设”（刘合光，2018）。始于不同的时间节点，文琦（2019）、郑殿元（2019）、施琳娜（2019）等学者归纳了自新中国成立以来的乡村发展的阶段：人民公社为主体的城乡二元结构阶段、小农经济为主体的家庭联产承包责任制阶段、城市反哺农村的城乡统筹发展阶段、城乡融合发展与乡村振兴阶段（文琦，2019）。乡村振兴本身是一种政策，其发展阶段与政策制度息息相关。也有学者从不同的角度对乡村振兴进行划分，郭远智（2021）从社会建设目标的角度，将乡村发展分为解决温饱、小康建设、实现富裕三个阶段（郭远智，2021）。尽管不同学者对国内乡村振兴发展历程的划分有所区别，但就其本质而言大同小异，均经历了物质富足、精神充足、乡村建设、乡村振兴的道路。

2.2.3　乡村振兴评估方法

在乡村振兴的评估方法方面，包括定性研究和定量研究，并以定性研究为主。在定性研究上，学者主要采取文献分析法、案例分析法、历史分析法和对比分析法等四种定性研究方法，多关注乡村振兴的发展历程、治理理论、实施框架和发展困境方面（黄璜，2017；霍军亮，2018；李保民，2019；唐安来，2017；徐刚，2018）。韩博基于文献计量分析与文献综述方法总结相关研究进展，回顾中国国土整治事业发展历程，提出了乡村振兴目标下的未来国土整治研究的关键问题（韩博，2021）。卢丹梅以广东云浮市镇安镇西安村“双试点”地区作为案例分析对象，提出“以潜力评估为方法过程——以空间优化为实施策略——以土地整治为核心抓手——以高质量发展为最终目标”的空间路径（卢丹梅，2021）。

在定量研究方面，多集中于乡村振兴战略下的产业、土地、文化等要素的实施目标和进度测度（表2–2），目前，定量研究方法多为指标评价法，还包括社会网络分析法、模型分析法等（贾晋，2018；李志龙，2019；闫周府，2019；郑兴明，2019）。研究视角仅关注城乡收入差距程度、城乡生活差距程度、农村居民消费水平等物质性要素，忽视了精神风貌、文化振兴、生活归属等精神性问题。孙九霞（2022）构建旅游涵盖目的地、客源市场、旅游通道和旅游支持系统的发展指标体系，使用综合评价指数和协调发展度进行乡村振兴战略下的乡村旅游地可持续发展水平评价。郭俊华（2022）构建政策结构、政策工具、政策效力的三维分析框架，运用社会网络分析法、政策工具法和PMC政策效力评价模型，对农村产业政策的成效与不足进行分析。程宪波（2022）基于“三生”空间与土地多功能理论基础，采用耦合协调模型以测算乡村振兴下江苏省乡村三生功能及其时空变化特征。

乡村振兴评估方法 **表2–2**

方法	具体内容	缺点	参考文献
指标评价法	通过构建指标体系，采用常见的主观或客观赋权方法，对某区域的乡村振兴水平的测度评价	选取指标和权重确定较为主观	王　青，2022；朱纪广，2022；孙九霞，2022
社会网络分析法	通过网络密度、中心度、聚类系数等指标刻画整体网络特征，将各个影响因素分别视为行动者，影响因素之间关联关系视为行动者之间的相互作用关系，从而建立影响因素的复杂社会网络	过于关注网络连接性，难以全面把握社会网络的全貌	郭俊华，2022；王丽琼，2019
模型分析法	强调研究主体与其影响因素间的互动关系与相互作用，常用于研究政策协同治理过程，政策实施效能等	模型参数需要适时校正	陈桂生，2022；程宪波，2022

［表格参考自孙九霞（2022）、程宪波（2022）等绘制］

乡村作为自然系统、经济系统及文化系统相互作用的复杂系统，其显性因素和隐性因素均会对乡村振兴与建设存在显著影响。在未来的乡村振兴指标构建中，要更加注重文化、精神等隐性因素，完善并形成统一具体的乡村振兴水平指数。

2.2.4　政策机制研究

从国家和社会治理的整体角度出发，乡村振兴本质上是以政府为主导、政策为主要手段对乡村社会的重构。国内外学者主要关注政策机制调整、乡村振兴的政治发展目标、乡村治理秩序内外权威嵌入机制以及地域重构机制等方面（曾福生，2019；张军，2018）。国际上对乡村建设政策机制方面的研究已经形成一定体系，相关研究多与产业、环境政策相关，如伦敦市郊乡村振兴实施绿化带政策保护乡村开敞空间，不断发展完善的政策法规体系保护乡村环境，促进乡村环境质量提升（吴玉璇，2019）；日本通过高额的农业补贴政策实现了城乡收入基本无差异化，不断调整农业补贴政策，更加强调提高农民收入和提高产品品质（李耕玄，2016）；美国政府从农业立法、农业基础设施建设、金融支持、财政补贴、税收减免等多方面制定政策扶持农业农村的建设发展。

2.3　乡村发展研究评述与趋势

通过上述文献梳理，本书发现乡村振兴研究体系不断丰富，学者们对乡村振兴的时代背景、内涵要义、发展困境、路径选择等都做出了深入解读，已有研究完善了乡村振兴研究体系，初步形成了基础理论、指导思想、政策解读、误区问题、具体举措、保障体系、制度创新、经验借鉴等八个针对乡村振兴实践现实状态的研究议题，有一定的理论意义与应用价值，并取得了显著成就，有助于探寻新时代乡村振兴背景下中国乡村价值实现的新路径（高锟，2022）。从研究队伍的构成上看，学者和政府官员是发文者的主要组成群体，其中政策研究机构是一支重要力量。从期刊文献总量的持续增长趋势和作者机构群体数量的日益增加可见乡村振兴研究队伍在不断壮大；以往的研究成果主要集中在经济学和社会学领域。在现有的文献资料中，关于政策解读和时政资讯的文献较多，主要集中于农业经济和乡村治理两个领域。从研究方法上看，以案例分析、文献分析等定性研究方法为主，政策文件解读、路径模式探讨等方面的研究也在充分关注借鉴国外学术动态，并在部分领域尝试开展交叉学科的研究。另外，尽管学者以经济学、管理学、社会学、建筑学等学科为依托，基于不同视角展开了关于乡村振兴的系统性研究，但相关研究还有待进一步扩展和创新。具体表现在以下几个方面：

（1）研究对象的地域性

由于受经济基础和政策导向的影响，目前乡村振兴相关研究对象主要集中在国外发达地区、国内东南沿海发达地区，而针对广大贫困地区的研究则相对较少，呈现出地域分布的不平衡特征。对各地域的非均衡性研究不利于乡村振兴战略实施水平的差异性和分地区推广战略的实践性研究。

（2）研究方法的局限性

目前，学者们对乡村振兴的发展历程、概念理论、治理规范、政策机制、热点问题等进行了广泛探讨。但是现有研究偏重于定性描述，缺乏严格规范的分析框架和计量检验，部分所得结论尚处于经验性或直觉性层面（董向东，2018）。在定性研究上多选取产业、社会等显性指标，忽视了对多维度乡村振兴规律的综合探究，难以满足地区尤其是发展中国家构建高效乡村振兴管理体系对乡村多元发展的迫切需求。

（3）实施对策的空泛性

学者研究所提出的对策整体呈现出零星化、碎片化，缺乏系统化、层次化研究，并且相关的总结性对策略显不足，也导致政府决策部门所制定的政策存在"先天缺陷"，致使我国多数地区各阶段实施的乡村发展战略没有达到预期的效果和目的。

总体上，乡村振兴包含多方面，是全域系统化的振兴，由于我国乡村面积大、数量多，要因地制宜施策，乡村振兴过程中要确定短期与长期目标，分步实施。在后续的乡村振兴研究方面，要关注研究方法与研究视野。研究方法上不仅要更加注重定量研究，完善评价指标，以科学的方法测定乡村振兴战略实施水平，还要在跨学科的视角下结合宏观与微观研究，如社会学、信息科学等，构建乡村振兴的实践体系，形成乡村振兴的研究范式。研究视野上，要继续将国际经验与中国特色有机融合，系统整理国外乡村振兴做法，提升中国乡村振兴的国际话语权。从长期来看，乡村振兴战略实施的发展趋势必然呈现以下特征，即聚力美丽经济推动乡村振兴、挖掘农村潜在文化元素、发展乡村治理现代化推动乡村振兴、实现乡村经济高质量发展和共同富裕的目标（孔祥智等，2018）。中国特色社会主义进入新时代，我国的社会主要矛盾已经转化为人民日益增长的美好生活需要和不平衡不充分的发展之间的矛盾。人民对于美好生活的向往已经从过去的温饱问题转为对多层次、多方面的美好生活的追求，不仅对于衣食住行等物质方面的追求有所提高，对于治安、教育、医疗、美好的生活居住环境等方面的追求也同步上升，有必要实现多方面、多层次的乡村振兴战略发展趋势，打造一个井然有序、充满动力的高质量发展的乡村（董向东，2018）。

参考文献

[1] Cheng M, Liu Y, Zhou Y. Measuring the symbiotic development of rural housing and industry: a case study of Fuping County in the Taihang Mountains in China [J]. Land Use Policy, 2019, 82: 307–316.

[2] Cloke P J. An index of rurality for England and Wales [J]. Regional studies, 1977, 11(1): 31–46.

[3] Cloke P J. Changing patterns of urbanisation in rural areas of England and Wales, 1961–1971 [J]. Regional Studies, 1978, 12(5): 603–617.

[4] Fu Bojie, Wang Shuai,Zhang Junze,et al. Unravelling the complexity in achieving the 17 sustainable–development goals [J]. National Science Review, 2019, 6 (3): 386–388.

[5] Jordan H, Roderick P, Martin D, et al.Distance, rurality and the need for care:access to health services in South West England [J]. International journal of health geographics, 2004, 3(1): 1–9.

[6] Ling W, Dong J F. Rural vitalization–oriented suitability evaluation index for green technologies of rural housing in Northeast China [C]//IOP Conference Series: Earth and Environmental Science. IOP Publishing, 2018, 188(1): 012113.

[7] Liu Yansui, Li Jintao, YangYuanyuan. Strategic adjustment of land use policy under the economic transformation.Land Use Policy, 2018, 74: 5–14.

[8] Long Hualou,Liu Yansui, Li Xiubin. Building new countryside in China:A geographical perspective.Land Use Policy. 2010, 27: 457–470.

[9] Rosenberg N. Technological change in the machine tool industry：1840–1910 [J]. The Journal of Economic History, 1963, 23: 414–446.

[10] Tian H, Tang M. A Study on the Dilemma and Countermeasures of Government Purchasing Rural Public Services Against the Background of Rural Vitalization Strategy [C]//2nd International Conference on Economy, Management and Entrepreneurship (ICOEME 2019). Atlantis Press,

2019: 491–497.
[11] Woods M. Performing rurality and practising rural geography[J]. Progress in Human Geography, 2010, 34(06): 835–846.
[12] 曹斌．乡村振兴的日本实践：背景、措施与启示［J］．中国农村经济，2018（08）：117–129.
[13] 陈琪．生态效率与企业可持续发展——基于宝钢 2006—2011 年度可持续发展报告的解析［J］．华东经济管理，2014，28（03）：39–44.
[14] 陈仁安．英美农村区域规划经验及对中国乡村振兴的启示［J］．世界农业，2018（06）：24–28.
[15] 董向东．国内外乡村振兴战略研究述评及今后研究方向［J］．甘肃农业，2018（14）：17–20.
[16] 樊红敏，贺东航．农村政治学研究范式的检视与拓展［J］．学术月刊，2007（06）：25–31.
[17] 冯丹萌．国际视角下脱贫攻坚与乡村振兴相融合的探索［J］．当代经济管理，2019，41（09）：43–48.
[18] 高琨．巩固脱贫攻坚同乡村振兴的有效衔接的组织保障——基于文献综述的分析［J］．农业与技术，2022，42（03）：162–165.
[19] 郭远智，刘彦随．中国乡村发展进程与乡村振兴路径［J］．地理学报，2021，76（06）：1408–1421.
[20] 韩博，金晓斌，顾铮鸣，等．乡村振兴目标下的国土整治研究进展及关键问题［J］．自然资源学报，2021，36（12）：3007–3030.
[21] 黄璜，杨贵庆，菲利普·米塞尔维茨，等．“后乡村城镇化”与乡村振兴——当代德国乡村规划探索及对中国的启示［J］．城市规划，2017，41（11）：111–119.
[22] 黄祥祥，朱雅妮．乡村振兴：理念依托、规则确立与技术路径——第三届中国县域治理高层论坛综述［J］．华中师范大学学报（人文社会科学版），2019，58（01）：185–189.
[23] 孔祥智．乡村振兴的实质及发展趋势［J］．中国财政，2020（08）：9–12.
[24] 赖应辉．发达省份欠发达地区经济可持续发展研究［D］．福建农林大学，2008.
[25] 李博，杨朔．乡村振兴中“治理有效”的实践路径与制度创新——基于陕南汉阴县“321”乡村治理模式的分析［J］．云南社会科学，2019（03）：55–61，187.
[26] 李耕玄，刘慧，石丹雨，等．日本“一村一品”的启示及经验借鉴［J］．国外农业，2016（11）：172–174.
[27] 李美云．国外产业融合研究新进展［J］．外国经济与管理，2005（12）：12–20，27.
[28] 李瑞霞，陈烈，沈静．国外乡村建设的路径分析及启示［J］．城市问题，2008（05）：

89–92，95.

[29] 李志龙. 乡村振兴 – 乡村旅游系统耦合机制与协调发展研究——以湖南凤凰县为例 [J]. 地理研究，2019，38 (03)：643–654.

[30] 刘奇. 乡村振兴需要强大的外力支撑 [J]. 中国发展观察，2017 (23)：51–52，50.

[31] 刘彦随，王介勇. 转型发展期“多规合一”理论认知与技术方法 [J]. 地理科学进展，2016，35 (05)：529–536.

[32] 刘彦随，周扬，李玉恒. 中国乡村地域系统与乡村振兴战略 [J]. 地理学报，2019，74 (12)：2511–2528.

[33] 刘义强. 奏响乡村治理变革新号角 [J]. 人民论坛，2017 (22)：65.

[34] 刘震. 城乡统筹视角下的乡村振兴路径分析——基于日本乡村建设的实践及其经验 [J]. 人民论坛 • 学术前沿，2018 (12)：76–79.

[35] 龙花楼，张杏娜. 新世纪以来乡村地理学国际研究进展及启示 [J]. 经济地理，2012，32 (08)：1–7，135.

[36] 龙晓柏，龚建文. 英美乡村演变特征、政策及对我国乡村振兴的启示 [J]. 江西社会科学，2018，38 (04)：216–224.

[37] 芦千文，姜长云. 乡村振兴的他山之石：美国农业农村政策的演变历程和趋势 [J]. 农村经济，2018 (09)：1–8.

[38] 彭海红. 实施乡村振兴战略：理论依据、现实要求与实现路径 [J]. 经济研究参考，2018 (37)：77–80.

[39] 邱春林. 国外乡村振兴经验及其对中国乡村振兴战略实施的启示——以亚洲的韩国、日本为例 [J]. 天津行政学院学报，2019，21 (01)：81–88.

[40] 沈费伟，刘祖云. 发达国家乡村治理的典型模式与经验借鉴 [J]. 农业经济问题，2016，37 (09)：93–102，112.

[41] 盛玉雯，陈庆军. 南京山景社区文创产业振兴策略与实践 [J]. 包装工程，2020，41 (14)：311–319.

[42] 孙国文. 以美丽经济发展促乡村振兴 [J]. 中国合作经济，2018 (03)：12.

[43] 涂圣伟. 产业融合促进农民共同富裕：作用机理与政策选择 [J]. 南京农业大学学报 (社会科学版)，2022，22 (01)：23–31.

[44] 王林龙，余洋婷，吴水荣. 国外乡村振兴发展经验与启示 [J]. 世界农业，2018 (12)：168–171.

[45] 王鹏，刘勇. 日韩乡村发展经验及对中国乡村振兴的启示 [J]. 世界农业，2020 (03)：107–111，121.

[46] 王青，刘亚男. 中国乡村振兴水平的地区差距及动态演进 [J]. 华南农业大学学报 (社会科学版)，2022，21 (02)：98–109.

[47] 王习明. 美丽乡村建设之国际经验——以二战以来美、法、日、韩和印度克拉拉邦为例[J]. 长白学刊，2014（05）：106-113.
[48] 王亚华，苏毅清. 乡村振兴——中国农村发展新战略[J]. 中央社会主义学院学报，2017（06）：49-55.
[49] 魏后凯. 如何走好新时代乡村振兴之路[J]. 人民论坛·学术前沿，2018（03）：14-18.
[50] 文宏. 建国以来乡村振兴路程回顾及未来展望——基于政策文本的内容分析[J]. 南通大学学报（社会科学版），2019，35（01）：41-49.
[51] 文琦，郑殿元，施琳娜. 1949——2019年中国乡村振兴主题演化过程与研究展望[J]. 地理科学进展，2019，38（09）：1272-1281.
[52] 吴玉璇，王文静. 国外复合型首都市郊乡村振兴模式研究——以伦敦为例[J]. 小城镇建设，2019，37（09）：35-40.
[53] 武永成. 乡村振兴背景下乡村文化与乡村旅游融合发展研究[J]. 山东农业工程学院学报，2021，38（06）：64-68.
[54] 夏禹龙，刘吉，冯之浚，等. 梯度理论和区域经济[J]. 科学学与科学技术管理，1983（02）：5-6.
[55] 夏禹龙. 区域发展战略和全方位开放新格局[J]. 中州学刊，1995（03）：4-8+57.
[56] 项继权，刘开创. 城镇化背景下中国乡村治理的转型与发展[J]. 华中师范大学学报（人文社会科学版），2019，58（02）：1-9.
[57] 肖唐镖. 近70年来乡村治理体制与政策实践的反思[J]. 治理研究，2020，36（05）：57-69.
[58] 熊慧. 青海三江源生态保护区畜牧业经济发展研究[J]. 今日财富，2022（05）：22-26.
[59] 闫周府，吴方卫. 从二元分割走向融合发展——乡村振兴评价指标体系研究[J]. 经济学家，2019（06）：90-103.
[60] 杨亚东，罗其友，郭晓鸣，等. 四川省乡村振兴的战略目标与路径分析[J]. 中国农业资源与区划，2020，41（10）：212-220.
[61] 叶兴庆. 实现国家现代化不能落下乡村[J]. 中国发展观察，2017（21）：10-12，27.
[62] 苑丰，金太军. 从“权力的文化网络”到“资源的文化网络”——一个乡村振兴视角下的分析框架[J]. 河南大学学报（社会科学版），2019，59（02）：41-48.
[63] 苑丰. “三治结合”乡村治理体系的生成逻辑与实现形式——基于乡村振兴视角下“产权——治权”范式的分析[J]. 山西农业大学学报（社会科学版），2020，19（01）：56-63.

[64] 张京祥，申明锐，赵晨．乡村复兴：生产主义和后生产主义下的中国乡村转型 [J]. 国际城市规划，2014，29（05）：1–7.
[65] 张军．深化改革，释放乡村振兴内生动能 [J]．东岳论丛，2018，39（06）：133–139，192.
[66] 张军．乡村价值定位与乡村振兴 [J]．中国农村经济，2018（01）：2–10.
[67] 张晓耕．韩国“新村运动”的实践及启示 [J]．发展研究，2006（12）：43–44.
[68] 张晓山．实施乡村振兴战略的几个抓手 [J]．人民论坛，2017（33）：72–74.
[69] 张雅光．乡村振兴战略实施路径的借鉴与选择 [J]．理论月刊，2019（02）：126–131.
[70] 中共中央国务院印发《乡村振兴战略规划（2018—2022 年）》[N]．人民日报，2018-09-27（001）.
[71] 朱纪广，侯智星，李小建，等．中国城镇化对乡村振兴的影响效应 [J]．经济地理，2022，42（03）：200–209.
[72] 朱建江．习近平新时代中国特色社会主义乡村振兴思想研究 [J]．上海经济研究，2018（11）：5–14，50.

第3章　国外乡村振兴发展案例介绍

当今世界不断发展，在工业化高速发展、城镇化快速推进的过程中农村空心化、农业边缘化、农民老龄化等三农问题日益凸显，严重制约了乡村地区的可持续发展能力，乡村衰落是一个世界性的问题，乡村振兴在世界各国发展的过程中都受到了很大的关注和重视。20世纪70年代开始，以推进逆城市化，实现乡村振兴为目的的乡村复兴运动率先在一些发达国家兴起，通过产业振兴、政府投资、政策补贴等方式鼓励城市富裕阶层回归并享受乡村田园生活（Gladwin.C.H，1989）。日本、韩国、法国、德国等国家相继经历了乡村振兴运动，促进当地乡村地区的繁荣发展。本章以国外发起的乡村运动为案例，从乡村振兴主体、具体措施以及乡村振兴产业等方面来展开介绍。

3.1　日本——一村一品

20世纪五六十年代日本处于经济高度增长时期，城市与乡村发展速度的差别引发了工农收入和城乡差距拉大等问题，传统的村落社会迅速崩溃，形成农村“过疏问题”（王光荣，2021），针对乡村地区普遍面临的人口流失、老龄化、发展严重滞后于城市等问题，日本政府发动了三次新农村建设运动（王光荣，2021）。前两次新村运动的实施只在一定程度上解决了生活基础设施的不便和农村经济发展的落后。随着城乡差距问题的逐渐显露、农业产业化升级换代的推动、农产品的地区间同质化竞争、农村工业化发展的升级转型推动、不具备工业化条件的偏远农村地区的经济发展，成为20世纪70年代后日本农村发展的推动力。在这样的复杂背景综合作用下，1979年，由当时的大分县知事平松守彦提倡，通过在各市町村培育各自的特产品，实现地方的活性化，即“一村一品”运动（李耕玄，2016）在各地农村酝酿并浮出水面。其目的是立足本地资源优势，发展具有地方特色的主导产品和主导产业，提高农民收入，振兴农村经济。

（1）以本村村民为乡村建设主体，培育具有现代化知识青年

针对青壮年流失、人去村空的局面，在种植果树、培育特产的实践中，大山町人痛感人才的重要性（周维宏，2019）。为了方便居民自学，大山町当局建设了学习中心和有线电视台，并定期举行活动，让居民养成学习的习惯。民众持续地对农业技术、市场营销等方面知识进行学习，并不断培养后备青年人才，提高其技能水平与竞争力，同时走出去向国外学习，培养人才，保证乡村经济的可持续发展。日本建立国内研修制度，选出一些青年到农业生产流通等产业领域实习，或者在专业人员指导下，学习并掌握农业方面的最新知识和实用技术。经过指导学习之后的青年，成为职业农民队伍的核心骨干力量，发挥着引领作用（图 3–1）。

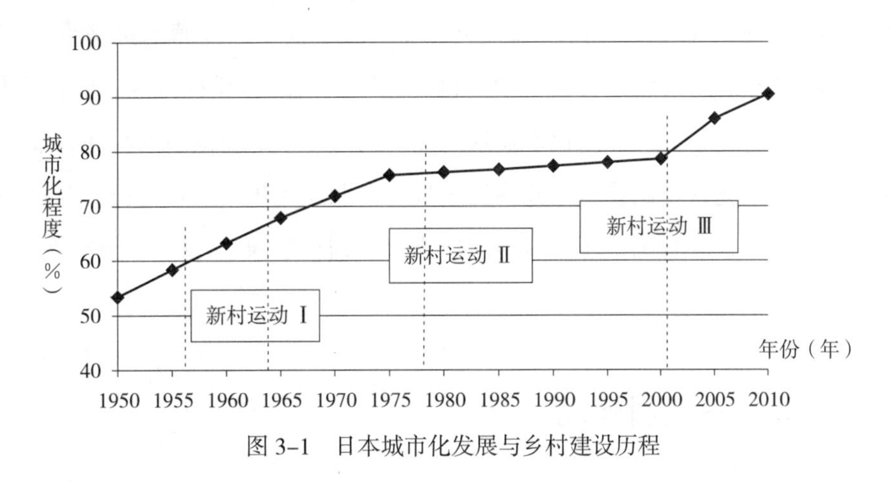

图 3–1　日本城市化发展与乡村建设历程

（2）乡村成员协同合作，自下而上发展农业组织

在乡村建设运动中，日本农民自发成立农业协作组织，旨在为农服务，推动农业生产经营发展，提高基层农民福利，增强农村社区活力（李玉恒，2019）。政府通过税收和补贴等资金方面的优惠政策给予支持，并鼓励农民参与农协，很快形成基层农协、县级农协、中央农协三级结构的完整体系（王光荣，2021）。各级农协既为会员提供生活服务，又为会员的农业生产经营活动提供引导服务。除此之外，在政府鼓励下，农协发挥自身优势，积极推进农村基层治理。农协对农民及其活动的组织引导，不仅有效防止了不正当竞争，保护了农民利益，而且在农民之间建立联系，增强了农村社会运行的整体性，提高了农村和农民的自我发展能力，对农村的持续发展产生了深远影响。

（3）发展特色农产品，创建品牌，构建产品推广平台，注重品牌宣传

日本在“一村一品”运动中，各地区立足自身发展特色，号召当地居民着重发展可以作为本地支柱的特色产品和产业，对地方特色产品开发了一系列创新性产品，如品质优良的牛肉、各类柚子产品、别具特色的艺术节、创意加工的寿司等，并且重视提高初级农产品的附加值，延展产业链，提高综合实力。严格把控农产品加工环节，打造特色品牌，注重品牌宣传，当地着重将农村土产品打造成全球知名品牌，进入国内外市场（李耕玄，2016）。农户根据信息及市场反馈不断调整产品种类、价格及营销策略。同时融入新兴科学技术，提高村民素质；打造村庄知名度，整体化推进乡村建设。

日本“一村一品”运动其实就是一种地方经济振兴运动，其原理是通过实施差别式经营战略的农业产业化，并且着眼于保护生态环境和农民利益，提倡由农民主导、自下而上治理并且发掘特色产业的农工商一体经营的经济发展模式（Claymone，2011）。因此，可以把“一村一品”运动的本质提升为：农民主体、农工商一体、有竞争力的产业化事业这三点。同时，政府积极引导村庄发展予以财政支持，不断完善基础设施，共同促进日本农业现代化以及乡村振兴与可持续发展，其模式也被联合国工业发展组织所推崇，并在泰国、马拉维等国推广（李玉恒，2019）。

3.2 韩国——新村运动

20世纪60年代，韩国的城乡收入差距悬殊，农民生活水平低下。为促进乡村发展，开展了配合国家战略、发挥国家・社会多方建设动力的“新村运动”（王光荣，2021；陈业宏，2020）。1970年4月，时任韩国总统的朴正熙正式提出要开展“新村运动”，当时的口号是“所有的村庄都能从落后的停滞的传统村庄发展成先进的现代村庄”（Shi，2004）。

（1）以村民为主体，政府分类指导，采取激励措施，鼓励村庄建设竞赛

韩国在乡村振兴过程中非常重视推进村民自治，通过自治将分散的农民组织起来，形成发展的合力。此时韩国明确区分了政府和私营部门的职责：政府的主要职能是制定总体的规划以调整农业结构，同时提供资源方面的支持：民间主导负责新村运动的宣传工作、培训与信息工作（Sonn，2013）。20世纪80年代，政府实行分类指导的方针，重点提高村民收入以缩小城乡差距。政府首先对乡村进行分类，按照村民参与程度的差别性将全国村庄划分为自立村庄、自助村庄和基础村庄，分别给予不同的奖励。对于基础设施建设较差的村庄，支持村庄建设基础设施，保障基础设施建设水平；对于农业产业发展潜力较大的村庄，重点是疏通河道、改良土壤，提高农业生产的工程技术水平；对于基础相对较好的村庄，重点是协助其产业发展，鼓励并支持农民采用机械化等先进生产技术手段，组织集体耕作，以及修建更加完善的生活福利设施（黄经南，2016）。

（2）以村庄为单位筛选实施项目，以政府来领头进行基础设施建设

政府了解农民的切实需求，由当地农民根据生产生活情况自己决定先建设哪些项目，排出具体村庄建设实施项目的优先级。1971—1978年，政府提供了总价值100万韩元（1974年）的钢筋和水泥，用以改进供水、电气化、桥梁等基础设施及新农村会馆等公共服务设施，从而改善农村的基础设施建设和农村生活环境。但这一时期对生产条件的改善以及农民精神的培育投入较少。韩国“新村运动”的成功源于多方面因素，韩国政府历来重视农业生产基础设施建设。不断发展完善的农业基础设施为韩国乡村振兴的成功提供了必要基础保障。

（3）开展新思想、新技术培训，提高农民的农业知识水平和专业素养

韩国在“新村运动”推行的过程中，成立了准部级的农业振兴厅，将国家农林部科技教育局、农业科学院、农民教育中心等职能合而为一，将产学研相结合，对农业生产力的提高起到了极大的推动作用。政府为每个村庄选设两名村庄指导员，组织他们接受培训，既通过实践案例教学培养技能，又通过思想启蒙塑造现代意识。村庄指导员返回村庄后，一方面将新思想和新技术传播给村民；另一方面运用新思想和新技术于实际发展中。为了加快乡村发展，村庄指导员发挥自身的各种条件优势，调动村庄资源，协调村民利益，理顺各种关系，带领农民同心协力开展村庄建设。

（4）实施“归农·归村”人才培养计划

韩国中央政府制定了多项法规和细则来促进“归农·归村”计划的发展（图3-2）吸引更多大城市人口转向乡村，解决人力资本紧缺现状，通过地方农民自愿合作达到提升农户收入、提高农户生活质量、实现人口自发性迁移转移到乡村居住的社会开发事业。该计划所面向的是在乡村以外地区居住达1年以上的人口，“归农”是以从事农业生产为目的迁移到农村居住，“归村”是以田园生活为目的迁移到农村居住（沈权平，2019）。打造多样化的领域人才培育机制，逐渐形成“人才、资金、项目”循环回升的良好态势。其一，是予以资金支持——有归农归村意愿者可以根据自己专业擅长向有关教育部门提出接受新职业农民培训的申请，通过申请者在接受教育培训并符合条件后可获得“归农·归村”教育扶持金；此外，也可从“归农·归村”综合中心寻找创业支持，获得韩国政府提供的创业基金。其二，是建立本土人才培养制度——通过发掘本土的手工艺人、民间文化者，对其进行适当的培养和引导，提升其综合文化素养，使之成为各个领域能够仰赖的人才由韩国农水产大学主要负责归农归村群体的相关教育培训工作，建立官学联合的“归农归村教育体系”（王爱玲，2021）。

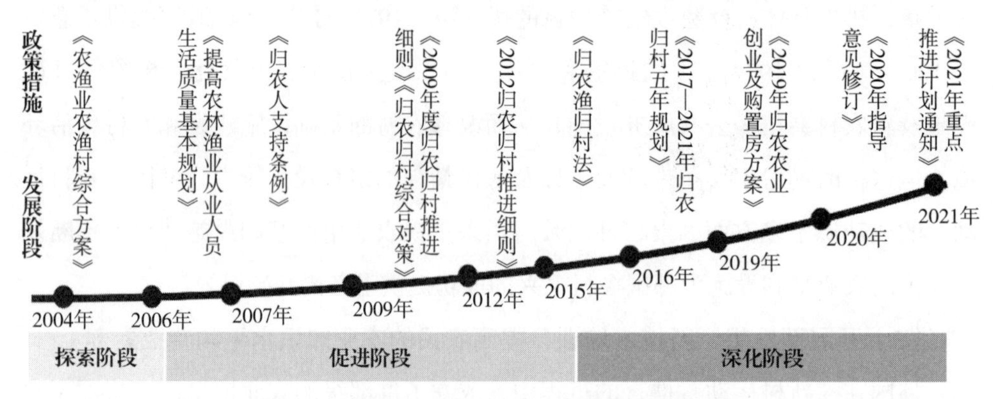

图 3-2　韩国“归农·归村”计划法规政策沿革

［图片参考余侃华（2021）绘制］

此外，韩国重视农村社区建设，推进农村现代化建设。这些措施的共同推进，最终促进韩国乡村的不断发展，农民收入不断提高（余侃华，2021; Claassen，2020）（图 3-3）。

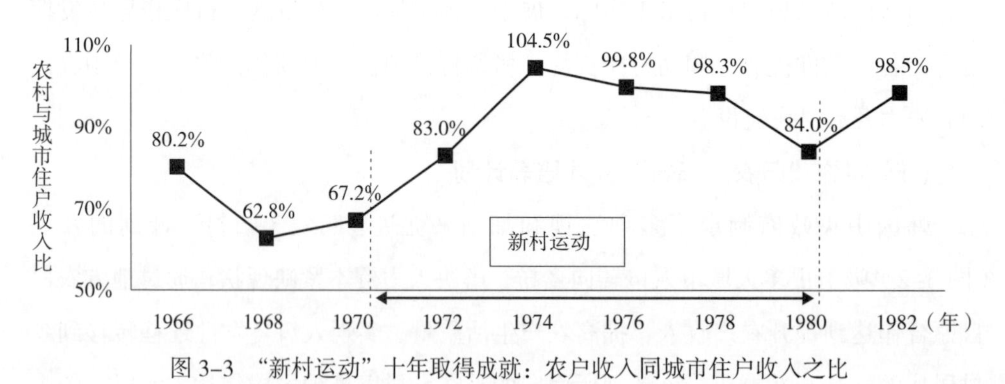

图 3-3　“新村运动”十年取得成就：农户收入同城市住户收入之比

3.3　法国——差异且精细化的政策引导

作为传统的农业大国，法国在 19 世纪 20 年代尚有 80% 的人口从事农业生产。

到20世纪80年代，法国的农业人口比例减少到30%。农业人口的流失造成了乡村在经济、社会、文化等方面出现危机（娄在凤，2015）。法国政府通过专业化、大规模的农村基础设施建设来满足农业生产现代化的需要，从而促进法国的农村地区快速发展。其发展阶段大致可以分为两个阶段（Federico，2019）。

第一阶段为20世纪五六十年代，此时法国城镇化率约55%—62%，该阶段法国农村改革的主要策略为通过建设新城来疏解大城市人口，并将新城作为法国乡村发展的带动点，同时着眼于农村地区的产业发展（表3-1）。该阶段的具体措施有：在广大乡村地区建设新城；加大对农业发展的支持；制定和实施可持续发展政策；强化农村教育形成教育、科研和技术推广相结合的体系（汪明煜，2021）。经过该阶段的发展，法国扭转成为农产品的出口大国，为最终成为世界第二大农产品出口国奠定了基础（陈俊侠，2018）。但是机械性地疏解大城市人口、有农业发展却没有农村建设导致农村基础设施没有跟进发展，因此没有增强法国乡村的吸引力，直到20世纪80年代，乡村地区人口减少的局面仍未扭转（Thomas，2020）。

法国农村发展第一阶段具体措施 **表3-1**

措施名称	法律依据	措施对象	措施实质
“领土整治”措施	1960年代颁布《农村指导法》和《农村指导补充法》	经济欠发达地区乡村	通过国家相关的法律法规支持经济欠发达地区乡村发展，实现农村社会资源的优化配置，也包括山地、河流和海岸的治理以及生态环境的保护
成立领导和管理专门机构	1955年颁布《国土整治令》	22个领土整治规划行动区	成立“领土整治与地区行动代表处”，专门负责领土整治的政府职能机构——DATAR，以指导和协调国土整治以及区域发展
建立地区“平衡基金”	1955年颁布《领土整治与发展指导法》	经济发展较落后地区	由国家财政拨款专门奖励开办新企业、部际基金委员会、农村整治基金，按照有关规定，定期从富裕地区抽调一定比例资金，由政府再分配给落后地区

第二阶段为20世纪90年代中期至今，法国城镇化率已达到75%。该阶段法国农村发展策略进行了转变，法国开始推行差异且精细化的政策引导并引入市场力量开启全新乡村建设模式（表3-2）。具体表现为私人资金可进入政府主导的乡村发展项目中（特别是在基础设施建设和管理服务等方面），与政府建立混合投资公司。政府重点开始关注落后乡村，法国的治理政策包括发展经济、改善生活、保护环境三个方面。

法国农村发展第二阶段具体措施　　表 3-2

乡村复兴	科技兴农	环境保护
• 完善乡村基础设施和公共服务 • 促进第二三产业发展 • 鼓励住房供给补贴 • 推进市镇联合体发展 • 挖掘卓越农村自身优势和潜力	• 推行“农民高学历”计划 • 形成专业化的商品生产基地 • 建立完善农工商一体化组织 • 促进农业机械化，推广新技术 • 简化农业机械化配置，促进农业机械化水平提高	• 采用生态友好方法，发挥农业生态系统服务功能 • 推动传统农业向生态农业发展转型，打造“农业＋”经济 • 制定生态农业法律和发展规划 • 设立生态农业未来发展基金

（1）乡村发展法定制度化

法国十分重视通过立法将乡村发展过程中的各种政策、目标和措施法律化，强化乡村振兴的制度供给。在农业发展方面，《农业指导法》中确立了农业与其他行业在社会经济领域具有平等的关系，发展重生态、多功能的可持续型农业，提出要在法国建设一个经济、生态和社会效益并重的可持续发展的多功能农业。在农村发展方面，法国陆续颁布了《乡村整治规划》《地区发展契约》《地域规划和发展指导法》《乡村地区发展法》《可持续发展法》《环境法典》《2010—2015 年法国农村发展实施条例》等法律法规规章制度，让农业农村发展真正做到有法可依。

（2）促进三产融合，挖掘乡村产业发展潜力

产业兴旺是解决农村一切问题的前提，法国各地乡村根据当地的资源禀赋和社会需求，发挥自身优势，通过挖掘特色资源、发展特色产业、加快一二三产融合、延长农业产业链、提高农产品附加值，促进农业增效、农民增收，实现乡村经济发展。例如，法国的葡萄酒享誉全球，生产历史悠久，但真正为这些种植酿酒葡萄的乡村注入经济活力的，却是由葡萄酒延伸而来的文旅产业。这种以葡萄种植为基础，乡村旅游为核心，融合农业生产、观光休闲、科学教育、娱乐餐饮、商务会谈等多功能为一体的复合型庄园综合体，是依托三产融合实现多元价值的新型产业模式，是乡村旅游产业的发展典范。从而立足于产业链衍生的餐饮、住宿等全方位的配套服务产生经济收益，致力于通过乡村旅游及其产品和服务的多元化、特色化来吸引不同人群，从而带动乡村的经济发展。

（3）基于多元化社会化信息服务建设的人才振兴

作为欧洲传统的农业大国，二战后随着经济的恢复，信息化技术在法国农村得到普及推广。首先加强乡村信息化基础设施建设。其次，整合涉农信息资源，建成了涵盖种植、水产、畜牧、农产品加工、乡村经济等专业数据库，具有代表性的涉农网站1000多个，为农民获取农业农村信息行情提供了重要渠道。第三，城市多元化的信息服务主体。政府、社会组织和私人企业“三位一体”的多元化服务体系，同时大专院校、科研院所等机构也承担部分信息服务职能。第四，开展智能乡村（cyber villages）行动，即鼓励农村居民利用互联网提升其信息素养，引导农民对新一代信息传播技术的接受扩散，以此提高农民的自主传鉴播能力（冯献，2020）。

（4）公共服务设施配置

乡村人口的减少带来了乡村公共服务设施的衰败。受到快速城市化冲击的乡村地区如何保持一个合理、高效的公共服务设施体系一直是国土空间规划的难点。1982年《分权法》施行以后，由于国家投资的减少，地方政府成为乡村公共服务的主要提供者，新的规划工具——《跨市镇宪章》替代《村域规划》，成为指导乡村发展的主要依据，强调区域经济、社会、文化的综合发展。在文化教育、医疗卫生、行政办公和商业等设施的基础上，增加乡村（市镇）与中等城市的交通联系，以及提供新的通讯设施网络和能源改造方式，以高度贴近乡村日常生活，满足居民的基本需求（杨辰，2021）。

作为经济高度发达的国家，法国是一个农业富国。法国只用了20多年时间就实现了农村现代化建设，这主要是缘于法国政府采取了适宜的发展策略，积极有效地推进农村改革（沈费伟，2016）。法国政府利用现代科学技术和现代企业方式，把农业以及与之相关的工业、商业、运输、信贷等部门结合起来，组成利益共同体，将农业和其余相关部门集合起来，通过其他部门和机构提供资金和技术指导带动农业建设，实现对农业的支持和反哺。法国在进行农业一体化改革和开展领土整治工作中，政府都非常强调应用财政扶持、技术保障以及教育培训等综合的方式来支持乡村建设，助推乡村社会的善治。这些措施最终能够加快乡村地区的发展，从而使城市和乡村地区的发展速度、经济水平和预期目标趋于平衡。

3.4 德国*——村庄更新

第二次世界大战后，联邦德国的许多地区亟待重建。于是联邦德国人民纷纷

* 1990年，两德合并统一。1990年以前，有具体时间的记述，本节所指为联邦德国，其他均泛指德国。

自愿投入整治家园，最初是以植栽和绿化为主要内容，在德国园艺协会加入后，逐渐拓展为农村小区美化运动（杨明秀，2009）。乡村基础建设、农业发展、人居环境整治和乡土文化建设四个方面是德国乡村振兴的主要内容，也是构建德国乡村振兴的民生基础、经济基础、环境基础和文化基础（Denis，2020）。

（1）培育农业产业发展动力，实现乡村可持续发展

联邦德国强调乡村的可持续发展是以农业发展为主导。农业产业发展的主导性突出体现在两个方面：其一，农业在经济部门的占比逐步提高；其二，农业创业活跃。联邦德国乡村振兴实现乡村经济秩序的构建主要通过两方面。首先是农业经营方式的转变，从小规模农村经济升级为大农村经济，降低土地细碎化和产出效率低的客观约束，农业取得显著发展，成为世界三大农业类型中的一类典型；其次是通过地方产品的品牌化，持续不断地推进农业创业。这也得益于区位优势，使得可以通过创业创立地方品牌，利用地方渠道易接入性和农产品即时性消费等特点，提高创业成功率（张延龙，2022）。

（2）充分发挥农民协会的作用

1948 年，联邦德国农业、林业和相关行业从业人员的团体组织成立了联邦德国农民协会，主要负责维护农民权益、为农民当法律顾问、为农民提供技术服务和开拓市场服务等。农民协会重视农业产业的整体利益和农民的政治、社会权益，适时将会员的具体意见反映至立法及行政机关，在政府与农业企业和农户间扮演着协调、沟通的角色。

（3）落实“城乡等值化”理念

20 世纪 50 年代，在乡村人口危机和难民涌入的双重压力下，联邦德国采取了“中心—边缘”发展模式，乡村边缘化态势日益凸显。为此，联邦德国政府开始以“城乡等值化”为目标，重新对乡村发展进行总体规划。联邦德国汉斯赛德尔基金会于 1950 年提出的“城乡等值化”理念，强调通过土地整理和村庄更新，避免将农村生活等同于低质量生活。“城乡等值化”主要有三方面内容。一是社会公平，即城乡居民应有同等的公共服务和社会保障机制。不同于大多数国家采取保险的办法，联邦德国的社会保障体系强调风险预防。1963 年，联邦德国建立了农业事故保险基金，对农场的安全情况进行检查，提供安全培训。与医疗和养老保险一样，联邦德国的农业事故保险也具有强制性。二是发展城乡经济，尤其是发展有助于城乡经济双向联系的市场经济体系。三是保护自然环境和资源（茅锐，2021）。

（4）推动土地整理和村庄更新

1953 年，联邦德国通过了《土地整理法》，该法于次年生效。1954 年，村庄更新的概念正式被提出，在《土地整理法》中政府将乡村建设和农村公共基础设施完善作为村庄更新的重要任务（沈费伟，2016），1965 年，联邦德国在修订作为城乡规划基础的《建筑法典》时，增加了有关村庄更新的主要条款。1976 年，联邦德国在总结原有村庄更新经验的基础上，不仅首次将村庄更新写入修订的《土地整理法》，而且试图保持村庄的地方特色和独具优势来对乡村的社会环境和基础设施进行整顿完善。目前，《联邦国土规划法》《州国土规划法》与以上两部法律一起构成联邦德国村庄更新的主要法律规范体系。同时，村庄更新还必须遵守《联邦自然保护法》《景观保护法》《林业法》《土地保护法》等法律法规。联邦德国的村庄更新主要包括对农村基础设施的更新和对乡村自然环境的保护。这使村庄更新融合了创造性元素，使各地能体现别致景观。为促进土地整理，联邦德国自 20 世纪 60 年代开始采取奖励土地长期出租者、降低农场主退休年龄、将转移农业企业作为农场主领取养老金的附加条件等措施，从而有效推动了农业规模化和机械化发展。到了 20 世纪 90 年代，村庄更新融入了更多的科学生态发展元素，乡村的文化价值、休闲价值和生态价值被提升到和经济价值同等的重要地位，实现了村庄的可持续发展。为有效地保护各种文化遗产，正确处理好建设中新与旧的关系，德国政府规定：具有 200 年历史以上的建筑均须列入保护之列，并拨出专款用于支持古建筑、街道的维修、保护工作。同时，德国对于历史文化遗产并不主张简单的复制，而是运用现代技术为其重塑灵魂，这样既可以满足现代功能，又创造性地保护了历史遗产。基于这样的建设和保护态度，才形成今日德国乡村别样的景致。

德国通过强化村庄规划指导，完善法律法规，出台土地利用规划和建设规划。在农村建设用地规划上，严格划分绿地、景观用地、历史文化遗产保护用地、工业用地等土地功能，通过开垦荒地、更新改造旧建筑等形式，改善村庄居住环境，加强乡村历史文化遗产保护，完善基础设施和公共服务。由当地政府组织开展房屋更新、道路更新、水电气设施建设、教育卫生等公共服务机构建设等项目，部分项目由政府出资完成，部分项目实行私建公助。实施土地整治，促进农业生态环境改善和规模化经营。大规模开展农用地整理，推动零散农用地连片化，开展土壤改良，拓展规模农业，提高农业机械化水平。

德国村庄更新的周期虽然漫长，但是所发挥的作用和产生的影响都是深远的，对于乡村治理来说，这种对村庄循序渐进的发展步骤更能使农村保持活力和特色。在这过程中，德国政府通过制度层面的法律法规调整，对农村改革进行规范和引导，逐渐地将乡村推向发展与繁荣，为德国农村村民生活提供了更好的保障。

3.5 国外乡村振兴发展经验总结

不同国家、地区之间由于自然资源禀赋、文化传统以及经济制度与发展阶段差异巨大，乡村发展和建设的路径和模式也不尽相同。日本和韩国的乡村振兴运动都是由政府主导的自上而下的运动，但是日本的乡村振兴主要是拓展农业农村多重功能，挖掘农业农村多元价值，通过产业融合发展，走特色产业振兴型乡村发展道路；韩国的乡村振兴实质上是一场脱贫致富运动，其经验可归纳为环境整治型乡村发展模式；法国和德国主要是自下而上的生态保护型发展模式，重视乡村提供公共品的重要作用，强调乡村的宜居性和多功能性。纵观各国的乡村振兴经验，尽管不同国家的国情不同，但每个国家的乡村模式对于实施我国乡村振兴战略都具有重要意义，可以得出以下启示。

（1）以农业现代化，产品特色化、品牌化助推乡村振兴

实现乡村振兴，产业兴旺是重要内容，也是基本前提，没有农业产业发展和支撑，乡村振兴发展就失去了物质性保障。因此，世界各国都特别重视本国农业现代化建设。以基础设施建设和农业科技创新为主轴，着力推动现代农业的多元化发展。纵观日本、韩国的农业现代化路径，我们可以看出，这两个国家都是基于各自国情来探索农业现代化发展道路的。在推进农业现代化过程中，它们都积极制订和实施切实有效的农业支持和保护政策，非常注重对本国农业的保护，并借助于现代科学技术、现代工业提供的生产资料和科学管理方法来改造传统农业。对标日本、韩国，我国农业现代化水平具有较大的差距，农业现代化依然是“四化”同步发展中的短板，且普遍存在着农业综合生产能力较低、农产品国际竞争力不强、农业综合效益不高、农业供给侧结构性矛盾等突出问题，因而在乡村振兴战略实施过程中，要投入更多的资源来促进农业现代化建设。

（2）制度创新，法律法规保障，推进产学研相结合

明确政府在农业规划、基础设施、生态环境、信贷保险等方面的职责，理清政府与市场的界限和关系，完善公共基础设施。同时要加强社会组织立法，明确社会组织性质、地位、功能、作用、结构和权责，赋予社会组织合法地位和社会组织活动框架和行为模式，最终达到良法善治，促进乡村社会组织的振兴。通过实施补贴、税收等政策，充分利用市场经济手段调节生态农业经济发展，提高农民或农业从业者的实际收入水平和生活水平，明确土地流转周期，引导进城务工劳动力返乡务农，通过建立统一的部门，负责产学研的一体化，将研究深入农民群体，帮助农民解决当下农业生产的难题，提高生产力。

（3）拓展农业多重功能，挖掘乡村多元价值

从世界农业发展趋势来看，产业融合和多功能化是农业现代化发展的必然方向，借鉴此经验，我国也要不断推进农村一二三产业融合发展（朱红根，2020）。鼓励各地拓展农业多种功能、挖掘乡村多元价值，重点发展农产品加工、乡村休闲旅游、农村电商等产业。支持农业大县聚焦农产品加工业，引导企业到产地发展粮油加工、食品制造。推进现代农业产业园和农业产业强镇建设，培育优势特色产业集群。支持农民直接经营或参与经营的乡村民宿、农家乐特色村（点）发展。将符合要求的乡村休闲旅游项目纳入科普基地和中小学学农劳动实践基地范围。实施“数商兴农”工程，推进电子商务进乡村。促进农副产品直播带货规范健康发展。开展农业品种培优、品质提升、品牌打造和标准化生产提升行动，推进食用农产品承诺达标合格证制度，完善全产业链质量安全追溯体系。加快落实保障和规范农村一二三产业融合发展用地政策。

（4）推进技术创新，重视人才培育，以信息化促进乡村振兴

随着工业化、城镇化快速发展以及人口增加，我国人均耕地面积在不断减少，由此产生了农产品供给总量与需求刚性增长之间的矛盾。可见，通过实施科技兴农战略来提升农业综合生产能力和综合效益有其紧迫性和现实意义。因而在推进乡村振兴战略过程中，必须加大农业科技创新力度，健全农业科技创新体系，把农业科技摆上更加突出的位置，发展高产优质高效的现代农业。推动农业信息化发展战略，利用先进的信息化网络，为农业科研、教育和技术推广提供信息支持。强大的农业科技创新能力、完善的农业科技创新体系在助推本国农村经济增长、加快实现农业现代化、增强农业国际竞争力的进程中起着至关重要的作用。

（5）优化乡村治理水平，向治理现代化转变

欧美发达国家拥有严格的法律限制，乡村治理在其约束下体现出合理性与科学性；韩国的“一人一村”运动设立的专家咨询系统强调乡村治理的合理性与现代化。我们应当借鉴这些经验，优化乡村治理水平；健全党组织领导的自治、法治、德治相结合的乡村治理体系，推行网格化管理、数字化赋能、精细化服务。形成村民公约、乡规民约、行业规章、团体章程、行政法规及法律制度共同构建了一个相对完善的乡村治理规范体系，推广村级组织依法自治事项、依法协助政府工作事项等清单制，规范村级组织机构牌子和证明事项，推行村级基础信息统计“一张表”制度，减轻村级组织负担。完善法律服务体系；提升农民的法治素养；注重农民的自我管理与自我服务，培养塑造合作精神，加强农民之间的互助协作，在经济和社会活动的实践中，不断强化共建共享意识，提高合作能力，从而适应现代市场和信息社会需要。

本章节根据不同条件多元化地选择了人地矛盾突出、农业传统悠久、乡土文化积淀深厚的几个国家乡村建设的经验，这些国家曾经历的发展阶段与中国今天的国情非常类似，所走之路也将昭示着我国乡村建设的逻辑。因此，通过探讨世界各国城镇化不同时期乡村建设的经验，对我国城镇化中期及未来长时期乡村振兴具有很大启示作用。但总体来说，乡村振兴发展需要在政府引导下充分发挥村民的主体地位与首创精神，鼓励多种社会力量参与，激发乡村振兴的内在动力；需要分类施策，对不同类型的乡村采取差异化支持政策，要紧扣地方特色，打造特色品牌，完善乡村基础设施与公共服务；要注重乡村产业发展，因地制宜、以产业融合发展为抓手，加快乡村产业振兴；要根据农村发展的不同阶段，确定不同的政策目标，采取不同的政策工具，做好政策衔接；乡村振兴的主阵地是乡村，要践行“两山”理念，改善农村环境，打造乡村宜居环境。

参考文献

[1] Bausch T, Koziol K. New Policy Approaches for Increasing Response to Climate Change in Small Rural Municipalities[J]. Sustainability, 2020, 12(5): 1894.

[2] Claassen C H. From Poverty to Prosperity: Rural Development in South Africa with Reference to South Korea’s New Village Movement[M]//Afrasian Transformations. Brill, 2020: 198–217.

[3] Claymone Y, Jaiborisudhi W. A study on one village one product project (OVOP) in Japan and Thailand as an alternative of community development in Indonesia[J]. Thai Journal of

East Asian Studies, 2011, 16(1): 51–60.

[4] Gladwin C H, Long B F, Babb E M, et al. Rural Entrepreneurship: One Key to Rural Revitalization[J]. American Journal of Agricultural Economics, 1989, 71(5): 1305–1314.

[5] Maragno D, Dalla Fontana M, Musco F. Mapping Heat Stress Vulnerability and Risk Assessment at the Neighborhood Scale to Drive Urban Adaptation Planning[J]. Sustainability, 2020, 12(3): 1056–1071.

[6] Martellozzo F, Landholm D M, Holsten A. Upscaling from the grassroots: potential aggregate carbon reduction from community-based initiatives in Europe[J]. Regional Environmental Change, 2019, 19(4): 953–966.

[7] Shi L. A search for "alternative" developmental paradigm: New village movement in South Korea and rural\construction in China[J]. Sociol. Res, 2004, 4: 39–49.

[8] Sonn J W, Gimm D W. South Korea's Saemaul (New Village) movement: an organisational technology for the production of developmentalist subjects[J]. Canadian Journal of Development Studies/Revue canadienne d'é tudes du d é veloppement, 2013, 34(1): 22–36.

[9] 毕宇珠，苟天来，张骞之，等．战后德国城乡等值化发展模式及其启示——以巴伐利亚州为例［J］．生态经济，2012（05）：99–102，106.

[10] 陈俊侠．法国生态旅游如何玩转“农业＋”［J］．农村新技术，2018（07）：37.

[11] 陈业宏，朱培源．从韩国“新村运动”解锁乡村振兴新思路［J］．人民论坛，2020（01）：72–73.

[12] 冯献，李谨．信息化促进乡村振兴的国际经验与借鉴［J］．科技管理研究，2020（03）：174–181.

[13] 黄璜，杨贵庆，菲利普・米塞尔维茨，等．“后乡村城镇化”与乡村振兴——当代德国乡村规划探索及对中国的启示［J］．城市规划，2017，41（11）：111–119.

[14] 黄经南，贺耀庭．乡村振兴：东亚经验及其启示［J］．国外农业，2016（11）：172–174.

[15] 李耕玄，刘慧，石丹雨，等．日本“一村一品”的启示及经验借鉴［J］．国外农业，2016（11）：172–174.

[16] 李玉恒，阎佳玉，宋传垚．乡村振兴与可持续发展——国际典型案例剖析及其启示［J］．地理研究，2019，38（03）：595–604.

[17] 娄在凤．法国乡村休闲旅游发展的背景、特征及经验［J］．世界农业，2015（05）：147–150.

[18] 茅锐，林显一．在乡村振兴中促进城乡融合发展——来自主要发达国家的经验启示［J］．国际经济评论，2021（11）：155–175.

[19] 宁满秀，袁祥州，王林萍，等．乡村振兴：国际经验与中国实践——中国国外农业

经济研究会 2018 年年会暨学术研讨会综述［J］. 中国农村经济，2018（12）：130-139.
［20］沈权平. 韩国推行“归农归村”的政策支持体系对中国乡村人力资本发展路径的启示［J］. 世界农业，2019（10）：53-60.
［21］王爱玲，郑怀国，赵静娟，等. 韩国归农归村与中国返乡入乡政策措施的比较及启示［J］. 世界农业，2021（2）：74-82，132.
［22］王光荣. 日本和韩国乡村振兴进程中的社会建设经验［J］. 东北亚学刊，2021（06）：78-87.
［23］汪明煜，周应恒. 法国乡村发展经验及对中国乡村振兴的启示［J］. 世界农业，2021（04）：65-72.
［24］徐美银. 乡村振兴的国际经验与中国道路［J］. 农业经济，2020（12）：30-32.
［25］杨辰，贾姗姗，周俭. 均衡发展：法国国土空间规划法制体系建设的历程与经验［J］. 规划师，2021（02）：77-83.
［26］杨明秀，祝海波. 国外典型农业发展模式及对我国新农村建设的启示［J］. 调研世界，2009（03）：37-39.
［27］余侃华，魏伟，杨俊涛，等. 基于乡村振兴的人才机制反思与模式建构——以韩国“归农·归村”计划为镜鉴［J］. 国际城市规划，2021（11）：1-13.
［28］张延龙. 联邦德国乡村振兴战略的发展经验及其启示［J］. 规划师，2021（02）：77-83.
［29］张延龙. 乡村振兴促乡村可持续发展的德国经验［N］. 中国社会科学报，2022-04-06（003）.
［30］周维宏. 日本农村振兴道路的转型实践——“一村一品”产业运动的发展逻辑考察［J］. 日本研究，2019（04）：11-22.
［31］朱红根，宋成校. 乡村振兴的国际经验及其启示［J］. 世界农业，2020（03）：4-11，27.

第 4 章　我国乡村振兴的发展历程与现状

4.1　我国乡村振兴发展的主要历程

乡村人口持续缺失，传统产业结构受到新型城镇化的冲击，使得中国在乡村建设道路上，不断探索自己的新路径，在不同时期走出具有中国特色的社会主义新农村发展道路，不同程度实现乡村振兴目的。从分割的二元结构走向城乡统筹和城乡融合，再到如今的共同富裕，每一阶段都有相应的政策引导，综合城乡系统、乡村工业、乡村建设等因素，可将我国乡村发展阶段分为传统乡村建设阶段（1949—1999 年）、社会主义新农村建设阶段（1999—2010 年）、美丽乡村建设阶段（2010 年至今）（图 4–1）。

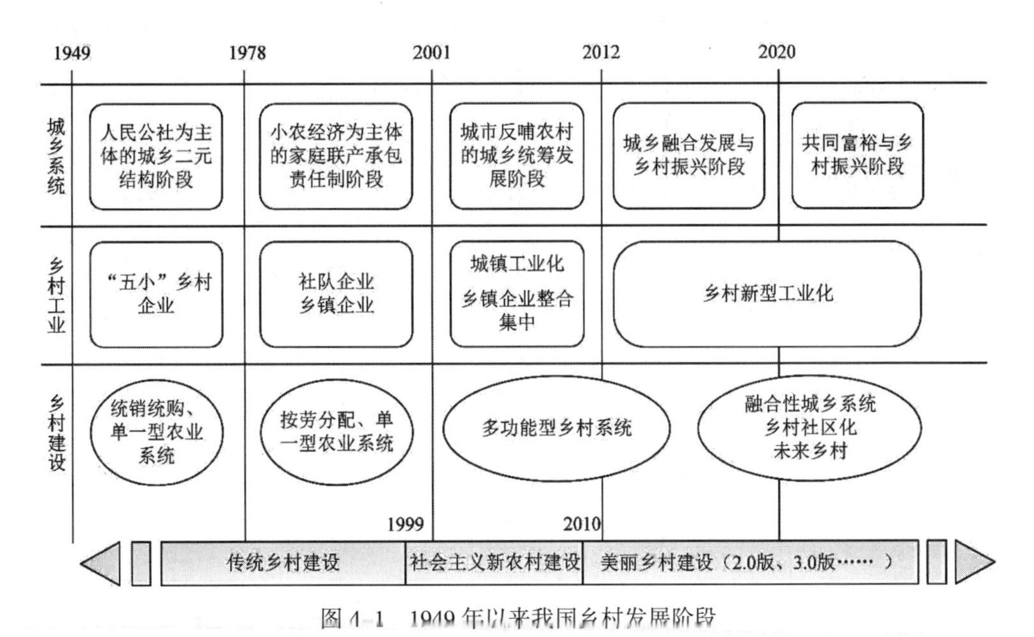

图 4–1　1949 年以来我国乡村发展阶段

4.1.1　传统乡村建设阶段（1949—1999 年）

传统的乡村建设阶段基本包括人民公社为主体的城乡二元结构阶段、小农经济为主体的家庭联产承包责任制阶段。首先是建国初期，我国面临经济增速的现实因素制约，利用农副产品和工业产品的剪刀差、城乡土地之间的剪刀差将乡村的资源要素集中于城市与工业，偏重于城市发展。以统购统销、户籍管理、人民公社等制度为标志，建立起商品、人口和劳动力、公共资源配置和基层治理等多方面城乡分割的二元体制（金三林，2019）。农村为工业发展提供原始积累，经济层面工农业发展差距固化，社会层面城乡人口流动受限，城乡二元经济结构与城乡二元社会结构相互渗透、相互作用，城乡差距固化。其次是改革开放新时期，我国农村主要采用家庭联产承包责任制，广大农村恢复社会主义按劳分配原则，农民以家庭为单位，向集体经济组织承包生产资料和生产任务，极大调动农民的生产积极性。我国的乡村工业在这一时期推向了一个新的高度，形成“离土不离乡，进厂不进城”的新生产模式，提高了农民的收入水平，农民获得了普遍收益，一系列的改革措施不仅缩小农村内部的差距，也明显缩小了城乡收入差距。

4.1.2 社会主义新农村建设阶段（1999—2010 年）

进入 21 世纪，在经济持续快速发展的基础上，我国初步具备了工业反哺农业、城市反哺农村的条件。在乡村工业方面，乡镇企业是乡村工业的主力，我国城市快速工业化、乡村工业向城镇集聚，而原先的乡镇企业则进一步整合，优先发展一些区位条件优越、发展基础较好、生态环境容量较大的重点城镇，形成集聚效应，增强企业竞争力。与传统乡村建设阶段不同的是，乡村在工业化与城市化的推动下向多功能发展、乡镇企业家带动乡村转型、农民的消费观念产生变化，乡村建设不仅局限于单一的农业经济系统，功能上有从生产向消费演变的趋势。社会主义新农村建设阶段侧重于城和乡都要兼顾的城乡统筹。随着乡村发展方式的改变，城乡二元结构逐步转向城乡统筹发展。党的十六大报告首次提出统筹城乡经济社会发展，该思想的提出颠覆长期形成的重工业、重城市的发展策略，核心是解决城乡收入、发展、公共服务等多方面的差距与公平性问题。总体上，城乡协调发展在本阶段开始日益被重视，但是由于乡村基础较差，城乡建设差距仍然显著。

4.1.3 美丽乡村建设阶段（2010 年至今）

我国各个地区因为经济差异导致城乡建设进程差异较大，难以统一总结出全国的美丽乡村建设特点。浙江的美丽乡村建设起步早、效果显著、经验丰富，成为全国各地美丽乡村建设的时代样本（马仁锋，2018；吴丹丹，2021）和示范窗口，本书以浙江省为例进行总结说明。浙江省安吉县率先提出“中国美丽乡村建设”并成为新农村建设的“安吉模式”。2010 年，浙江省美丽乡村建设行动开始全面推广安吉经验，浙江美丽乡村建设成为排头兵。浙江美丽乡村可以分为三个阶段：美丽乡村 1.0 版（2010—2015 年）针对农村人居环境改善；2.0 版（2015—2020 年）注重与产业发展融合；3.0 版（2020 年至今）突出以“人”为核心。美丽乡村建设是社会主义新农村建设阶段的延续，主要包括城乡融合发展与乡村振兴阶段，共同富裕与乡村振兴阶段。乡村振兴战略下乡村工业呈现新型工业化特点、乡村建设以多功能型乡村系统、融合性城乡系统两种形式为主，并逐渐向融合性城乡系统发展，如乡村社区化和未来乡村等趋向。

4.2 国内乡村振兴发展模式介绍

乡村振兴在实践中不断积累经验，已形成不少发展模式，从不同视角来看，有不同的发展模式。比如从治理视角看，乡村振兴模式有：文创型、社区型、未来乡村型、生态优先型、PPT（Public - Private Partnership）发展等模式。从文化视角看，乡村振兴模式有：“党建＋”“民俗＋”“乡贤＋”等模式。从产业发展角度来看，有“三融合”、城乡一体化、田园综合体、全产业链等发展模式。在共同富裕、脱贫攻坚的道路上，产业发展是硬道理，因此本文从产业角度对国内乡村振兴发展模式进行总结和归纳。

4.2.1 “三融合”发展模式

产业融合作为推进乡村振兴战略的重要发力点，对于农业现代化建设和高质量发展有着重要的促进作用。农业三产泛指农业第一产业、第二产业和第三产业。“三融合”发展模式是借助农村自身的特色，通过一二三产业之间的融合，实现产业结构体系的交叉重组和经营体系的转变，加快农村资源、技术、人才、资金以及市场需求等相关要素的重组优化，调整农村产业空间布局，实现产业兴旺、生态宜居，促进乡村振兴战略的落地实施。

通过对“三融合”发展模式在乡村振兴以及对共同富裕的作用进行归纳总结，其逻辑结构如图 4–2 所示。“三融合”乡村振兴发展模式主要包括三个特点：第一，可以打通产业链，拓展农业发展形式，实现农村发展新业态的培育，将外部分工转为内部组织，实现农、工、贸、旅一体化和生产、加工、销售、服务一条龙服务产业链；第二，通过将传统的土地、资金、劳动力等要素与现代技术、互联网数字化相互渗透融合，推进产品创新、产业融合、价值提升构建利益共同体；第三，实现乡村一二三产业的可持续发展，不论是什么样的业态、发展模式，可持续产业发展才是延长产业链、吸引资金投入和先进资源引入的要点（王乐君，2017）。另一方面，正是有了“三融合”的产业发展模式，使得农村以农业为基石，在“新业态”的“一二三产业”外延发展过程中，深挖“农业强”“农村美”“农民富”的内涵发展，走出乡村多业态发展之路，依托产业兴旺的物质表层，实现乡村“共同富裕”的最终目的。

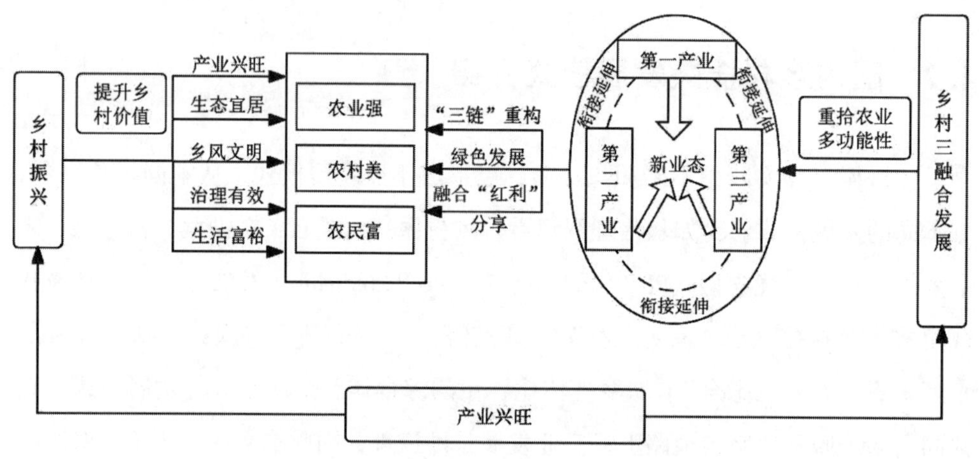

图 4–2 “三融合”乡村振兴模式的内涵图

4.2.2 城乡一体化发展模式

“城乡一体化”是制度创新方面促进解决城乡差距问题、实现现代化社会公平意义上的“一体化”（张强，2013）；是建立在废除或改变城乡二元体制机制，消除由于城乡不同政策和制度引起的城乡差距，保障公平正义，实现城乡发挥各自优势实现城乡协调发展的乡村振兴发展模式（孙来斌，2016）；是以统筹规划、体制改革和政策调整为抓手，实现全体人民的共同富裕的发展模式。

由于各个地区具备的区位、历史、文化等条件的差异，在城乡一体化的建设中就会采用不同的发展模式。目前对于城乡一体化的发展模式没有统一的标准，大多的分类依据是从地域和发展动力角度入手。从地域角度分析，具有代表性的发展模式为苏南模式、成都模式、北京模式、上海模式、重庆模式等，其中根据城乡一体化发展角度的差别可以分为“大城市带小郊区”模式的北京、上海，“大城市带大郊区”的重庆、成都，以及“小城镇带农村”的江浙地区。在乡村振兴和推进共同富裕进程中，各类发展模式强调的都是城镇与乡村的互补融合、共同繁荣相互反馈机制（图 4–3）。在协调推进过程中，应坚持从实际出发推进城乡一体化发展，以政府职能为保证、以经济一体化为基础、以农业发展为关键、以城市现代化为城乡一体化的重要力量，推进城乡一体化达到城乡全面协调发展（仲德涛，2012），实现乡村“共同富裕”（图 4–4）。

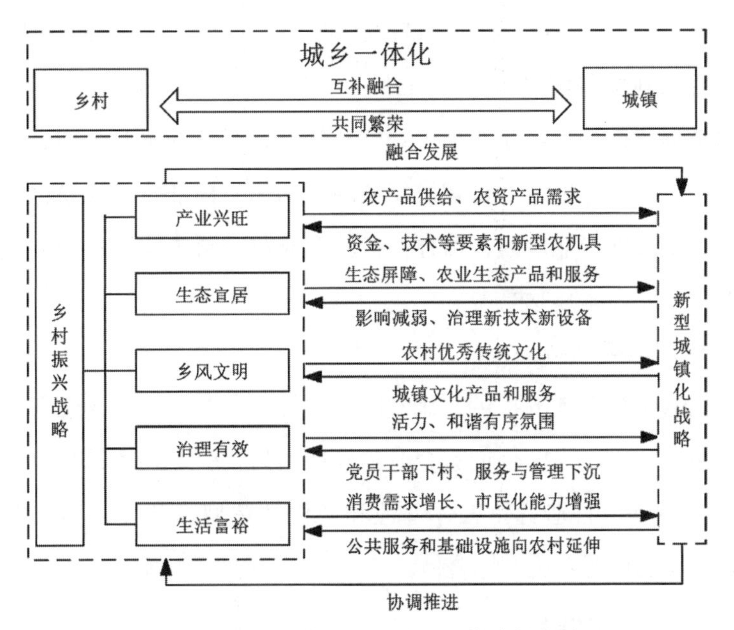

图 4–3 “城乡一体化”乡村振兴模式的内涵图

图 4–4 城乡一体化示意图

4.2.3 田园综合体发展模式

田园综合体是以乡村为地理基础，以现代农业为核心产业，以农民或农民合作社为重要载体，以农旅休闲为主要特色，通过一二三产业融合，实现生产生活生态“三生”品质提高的一种新型农村综合体（郑健壮，2020）。田园综合体发展模式是乡村振兴发展的新动能和增长点，是区域经济社会和农业农村发展到较发达阶段的产物（丁元，2019），是顺应城乡关系走向融合，实现城乡一体化的重要标志，是乡村“共同富裕”建设的必经之路。

目前，田园综合体建设尚处于发展的初期，没有现成的模式和发展路径可以遵循。在城乡一体化的大发展背景之下，针对已有的田园综合体建设现状进行分析，可将田园综合体的建设模式归纳为以下四种：

（1）特色农业发展型

该模式是围绕优势特色产业为主导，从特色农产品的生产、加工、销售、经营、开发等环节入手，推进乡村建设发展的集约化、标准化、规模化，打造以特色农业产业为主导的产业园区，培育一批新型农业经营主体，带动形成以农业产业为核心的田园综合体开发模式。

（2）文化创意带动型

该模式是通过挖掘地方特色文化发展文化创意产业带动三产融合。以文化创意产业作为引导，以引入文化创意企业为发展动力，引导人才返乡，推动乡村农旅、生态休闲发展，打造青年人才基地和文化创意型综合体，形成融生产、旅游、生态为一体的创意农旅型综合体。

（3）自然资源依托型

该模式是依托于区域内部具有竞争力的自然资源，发展度假旅游、创意产业、农事体验。以优势自然资源作为发展引领，结合度假旅游、创意产业、农事体验等共同打造具有旅游项目特征、产业融合发展的田园综合体（图 4–5）。

图 4–5　自然资源带动乡村发展

（4）市场需求指引型

该模式通常根据分析市场资源分布、人群来源确定市场需求，将市场需求作为重点建设依据，打造市场需求指引下的综合性田园综合体。该模式通常利用城郊乡村的区位优势，以自然景观和生态资源为基础，为城乡居民打造一个生态环境良好、旅游资源丰富、产业资源多样的生活型田园综合体（图 4–6，图 4–7）。

图 4–6　市场需求指引乡村发展

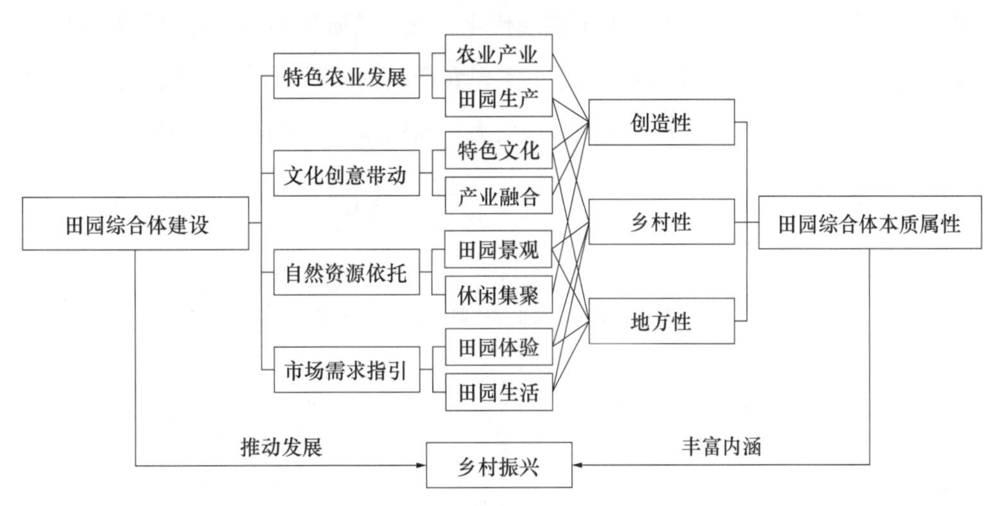

图 4–7　田园综合体发展模式

［图片参考自庞玮（2018）绘制］

田园综合体发展模式是乡村振兴的重要发展途径，综合利用自然资源、市场需求，发展优势特色农业产业、挖掘文化创意产业，带动乡村经济发展，因地制宜地采用不同的发展模式，推进乡村振兴发展进程。

4.2.4 全产业链发展模式

全产业链是指从田野到餐桌过程中涉及的种植采购、生产加工、销售物流、品牌推广等多个环节构成的产业链系统。与传统产业链相比，新型全产业链发展模式各环节的衔接会更加流畅、环节内涵更加完整，注重整体性和管理（何彦，2021）。结合我国农业现代化建设的发展现状及实际条件来看，以优势主导产业为重点，打造一批全产业链发展的现代化农业产业集群，激发产业升级及一二三产业深度融合，实现从生产、加工、销售、服务各个环节的有效衔接和共享利润，推进乡村振兴建设的脚步。在目前全产业链发展建设常与农业、商业、文化、旅游融合成统一整体，形成跨界合作的有机发展模式。

全产业链发展模式结合互联网的渗入是实现现代化的重要手段，是实现乡村振兴的重要发展模式（图 4-8）。全产业链结合大数据建设的重点领域聚焦在基础设施建设、专项技术开发、产业节点构建、应用市场拓展、数据安全保障五个方面。其次，依托互联网平台，该模式运营为当前面临的有如农产品流通环节过多、竞争力不强、生产加工水平不够现代化、农产品质量不高等突出问题提供了解决的思路（刘宇杰，2018）：从源头实现农产品的质量安全问题把关、农产品价格把控、农产品附加价值挖掘提升竞争力等问题，为乡村振兴事业助力。

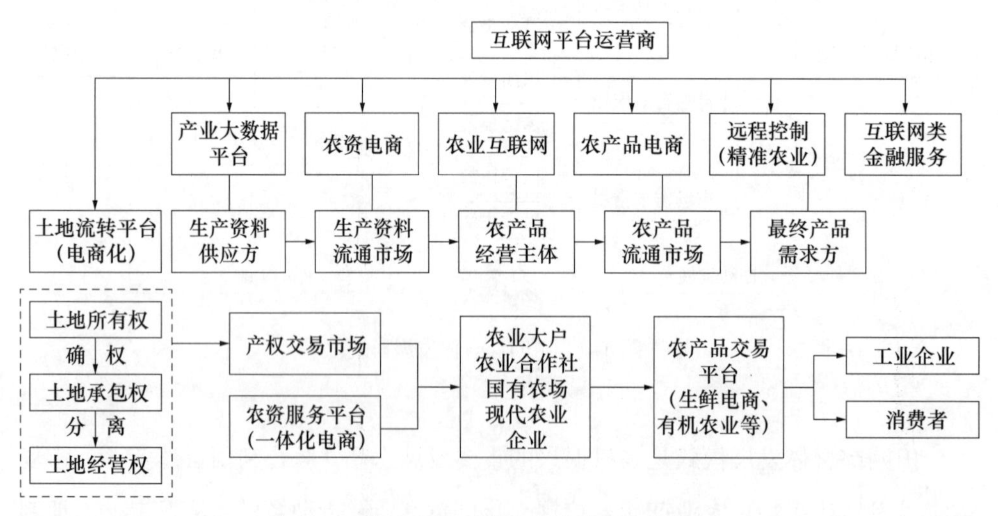

图 4-8 电商平台下的全产业链运作流程图

4.3　我国乡村振兴发展现存问题

尽管美丽乡村建设已经持续 20 余年，自“十九大”乡村振兴战略提出，不断涌现出乡村振兴示范村，乡村开始迈开步子走向富裕，各类措施扎实推进，政策体系持续完善。但在实践中，由于区域社会经济发展、自然资源基础禀赋和地理区位条件的不均衡，仍然存在诸如区域发展失衡、发展重数轻质、发展不协调等一些问题，严重阻碍了乡村振兴战略的可持续发展，阻碍了我国“共同富裕”的进程。另外，我国乡村发展面临老龄化、空心村等问题，在乡村振兴过程中，无论是“三融合”发展，还是“城乡一体化”发展等方面，都存在明显的不足，亟待进一步提升与完善。

4.3.1　区域发展差异影响乡村振兴质量水平

我国地域广大，东中西部乡村资源分布差异较大，乡村发展在区域层面的不平衡是普遍存在的（韩楠，2021），以旅游业为主导产业发展乡村振兴的村庄越来越多，开发项目同质化明显。而在乡村振兴建设中必须要突破的重大问题就包括解决区域发展失衡与重数轻质的问题，实现乡村振兴协调发展。乡村振兴试点由于本身基础良好，再加上政府的资金、政策的支持，能够迅速得到发展。而区位条件较差、自然资源匮乏、产业萎缩的乡村发展滞后。我国乡村振兴发展速度虽快、建设数量虽多，但是总体的建设水平、发展质量偏低。从目前乡村建设的实际情况来看，“千村一面”的情况屡见不鲜，一个示范村之所以能成为效仿的对象，是因为立足该村独特的资源，融入适宜的发展理念，不应为了达到数量要求而忽视乡村特色资源，造成缺少高质量乡村振兴范例的局面。

4.3.2　人口结构失衡导致乡村振兴动力不足

人口老龄化带来的劳动力结构性变化导致乡村振兴正面临发展动力不足的问题（中华人民共和国卫生健康委员会，2021）。长期以来，我国城乡发展处于不平衡状态，人口老龄化“城乡倒置”（徐拓远，2021）。早期我国各项政策倾向于优先发展城市，历史上乡村落后于城市是既定事实，在教育、医疗卫生、社会保障等基本公共服务方面城市更加完善（杨远根，2020），而近年来农村的基础设施聚焦于基础层面，现代化基础设施层面落后。随后城乡关系从二元走向融合，“身份制”和“户籍制度”等城乡限制性政策改革，农村劳动力在城乡势能的驱动下向城市转移（曹立，2021），而大多数农村老年人则因为经济（叶敬忠，2019）、环境、情怀（苏燕华，2017）等多重因素选择留在农村。在此背景下，乡村振兴战略实施人力基础不充足，不利于满足乡村振兴强化人才支撑的需求。

4.3.3 教育水平偏低致使产业发展升级困难

产业振兴是乡村振兴的重中之重，农村人口受教育水平偏低限制产业发展升级，物质和精神文化的双重缺乏制约乡村振兴的进程。根据《中国人口和就业统计年鉴2020》，我国乡村人口受教育水平以初中、小学为主，地区之间有差异但整体乡村受教育水平较低。

随着国家对教育经费的持续投入，农村居民受教育年限持续增加，农村人口受教育水平大幅提升（李锋，2020）。但这部分人群通常选择向城市流动，农村常住居民的受教育水平偏低。以乡村旅游产业为例，在与数字经济对接发展的过程中，乡村旅游经营者积极性不强，受教育水平不高导致改革创新意识薄弱，制约乡村旅游产业发展（陈萍，2021）。究其原因，主要为长期的城乡不平衡，乡村教育资源和条件低于城市，农民受限于自身的文化水平，易形成“低文化－低收入－低文化”的循环。

4.3.4 规划引导滞后造成资源分配难以平衡

由于从省到村各个地区的情况千差万别，规划也不尽相同，村庄规划工作总体上还处于起步阶段，规划引导工作存在滞后问题。在推动乡村振兴、实施乡村建设中，村庄规划起到引领作用，滞后的村庄规划导致村庄建设缺少依据，乡村资源被浪费或低效利用。缺少规划战略的引领对村庄长期发展不利，早期的村庄大多根据自然条件建设，布局分散、土地利用效率低，各个村庄之间的资源碎片化，资源可持续发展不平衡主要体现在不同地域之间。乡村振兴试点区域往往具有基础条件良好，区位条件优越的特征，这类村庄本身条件较好，在政策支持下更容易实现发展，而其他需要支持的乡村却被后置，进一步扩大乡村之间的差距（朱进芳，2019）。我国中西部和东北的乡村振兴较珠三角、长三角区域较弱，在资源禀赋相似的情况下，由于这些地区的村庄规划滞后，基础设施、公共服务等匮乏，可持续发展的能力也较弱。

4.3.5 体制衔接不畅影响规划实施政策落地

体制衔接不畅指上一级的政策、规划与下一级的政策规划之间的衔接尚需进一步磨合，乡村振兴战略则正从顶层设计走向具体分析、宏观规划走向微观调整，还处于实施的起步阶段。体制机制衔接不畅主要体现在衔接政策脱力、组织衔接难、项目规划协调难三个方面（豆书龙，2019）。首先是衔接政策脱力，是指上级的很多的政策，如人才优惠政策、产业振兴政策、土地政策等，省级、市级制定的上位政策，部分会因为“水土不服”或者缺乏有力的执行者，而难以落地。大部分地方政府处于谋划乡村振兴方案阶段，实施方案和实施细则仍不完善，衔接政策不足。其次是组织衔接难，乡村振兴领导小组大多以产业、生态、文化、组织、人才等内容进行部门划分，不同部门以及部门的划分都造成了组织协调的困境。最后是项目规划协调难，乡村振兴标准较高，容易重复建设浪费资源，尽管政府出台乡村振兴相关优惠政策，但存在的种种壁垒使其可落实性不强，影响乡村振兴参与者的积极性。

参考文献

[1] 曹立，石以涛. 乡村文化振兴内涵及其价值探析［J］. 南京农业大学学报（社会科学版），2021，21（06）：111-118.

[2] 陈萍. 乡村旅游与数字经济对接的推进路径研究［J］. 农业经济，2021，（11）：67-69.

[3] 丁元. 乡村振兴战略下构建田园综合体模式的探索与思考［J］. 农业经济，2019（11）：24-25.

[4] 豆书龙，叶敬忠. 乡村振兴与脱贫攻坚的有机衔接及其机制构建［J］. 改革，2019（01）：19-29.

[5] 韩楠，刘玉红，刘艳娟. 我国乡村发展驱动因素与区域差异分析［J］. 中国农业资源与区划，2021，42（04）：40-48.

[6] 何彦. 乡村振兴背景下田园综合体全产业链发展模式思考［J］. 农村经济与科技，2021，32（21）：1-3.

[7] 金三林，曹丹丘，林晓莉. 从城乡二元到城乡融合——新中国成立 70 年来城乡关系的演进及启示［J］. 经济纵横，2019（08）：13-19.

[8] 李锋. 我国农村人口受教育水平的比较研究［J］. 农业科研经济管理，2020，（03）：

12-20.
[9] 刘宇杰. 以全产业链思维谋划产业振兴 [J]. 农村工作通讯，2018（22）：59-60.
[10] 马仁锋，金邑霞，赵一然. 乡村振兴规律的浙江探索 [J]. 华东经济管理，2018，32（12）：13-19.
[11] 苏燕华，刘丽丽. 从留守老人故土情结看当前农村养老问题的解决途径 [J]. 农业经济，2017（05）：73-74.
[12] 孙来斌，姚小飞. 中国城乡一体化研究述评 [J]. 湖北社会科学，2016（04）：52-57.
[13] 王乐君，寇广增. 促进农村一二三产业融合发展的若干思考 [J]. 农业经济问题，2017，38（06）：82-88，3.
[14] 吴丹丹，吴杨，马仁锋，等. 浙江美丽乡村空间格局及可持续发展模式研究 [J]. 世界地理研究，2022，31（02）：363-375.
[15] 徐拓远，张云华. “十四五”时期积极应对农村人口老龄化的思路与举措 [J]. 改革，2021，（10）：31-40.
[16] 杨远根. 城乡基本公共服务均等化与乡村振兴研究 [J]. 东岳论丛，2020，41（03）：37-49.
[17] 叶敬忠. 农村留守人口研究：基本立场、认识误区与理论转向 [J]. 人口研究，2019，43（02）：21-31.
[18] 张强. 城乡一体化：从实践、理论到策略的探索 [J]. 中国特色社会主义研究，2013（01）：93-97，109.
[19] 郑健壮. 田园综合体：基本内涵、主要类型及建设内容 [J]. 中国农业资源与区划，2020，41（08）：205-212.
[20] 仲德涛. 城乡一体化的理论与实践——以河南省漯河市城乡一体化模式为例 [J]. 云南行政学院学报，2012，14（04）：55-61.
[21] 朱进芳. 实施乡村振兴战略需要防范的五个问题 [J]. 经济纵横，2019（03）：31-37.

第5章　共同富裕背景下的乡村振兴发展模式

5.1　共同富裕战略的内涵与要点

5.1.1　共同富裕战略的内涵

（1）“共同”与“富裕”的有机联系

“共同”是全体人民对于财富的占有方式，是相对于两极分化而言的，体现了“富裕”的惠及程度，让发展成果更多更公平的惠及全体人民；解决了当今社会发展不均衡问题，代表了社会主义先进性的生产关系。“富裕”是全体人民对于财富的占有程度，是相对于贫穷而言的，体现了社会经济状况的发展水平。“富裕”是以一定的生产力发展为基础，没有生产力的高度发达，就没有社会物质财富的极大丰富和精神财富的不断积累，就无法实现全体人民的共同富裕。“共同”和“富裕”是有机统一的、不可分割的（图5-1）。

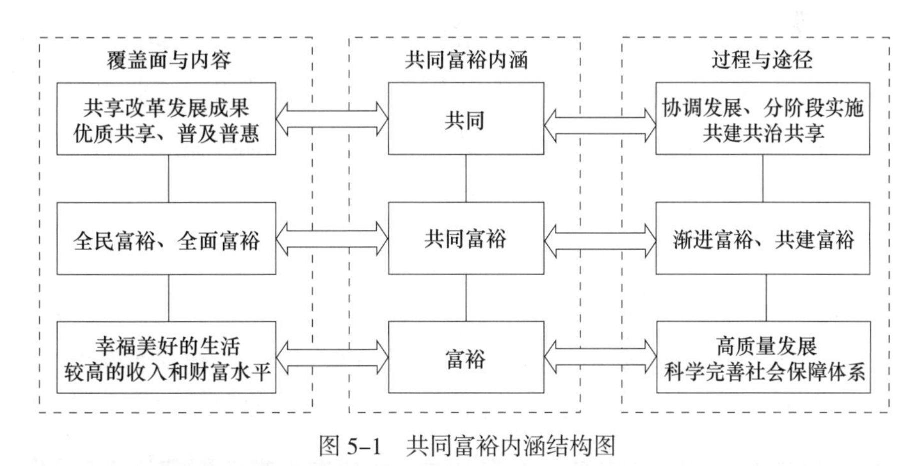

图5-1　共同富裕内涵结构图

（2）共同富裕内涵

共同富裕是社会主义的本质要求，是中国式现代化的重要特征，是人民群众的共同期盼（姜长云，2022）。在共同富裕的背景下有效推动乡村振兴发展，首先就要全面准确地理解和把握其深刻内涵，这具有十分重要的意义。共同富裕战略内涵丰富深厚，不仅涉及经济发展问题、社会发展问题，更涉及政治问题，与人民生产生活息息相关。

就实现主体和覆盖程度来说，共同富裕是全民富裕，是一个对全社会而言的总体概念，是全体人民的共同富裕，不是少数人的富裕。共同富裕是大家都有份的富裕，是“一个也不能掉队”的富裕，是全体人民共享改革发展成果，过上幸福美好生活的富裕。贫穷不是社会主义，少数人富裕、多数人贫穷不是社会主义，两极分化也不是社会主义，只有共同的富裕才是社会主义。共同富裕是在普遍富裕基础上的差别富裕，不是平均主义的同等富裕，更不是均贫富、劫富济贫。

就实现内容来说，共同富裕是全面富裕，是物质生活与精神生活的统一，是促进人的全面发展的共同富裕。在经济层面，“富裕”是前提也是基础，共同富裕主要表现为较高的收入和财富水平发展，以及公平的收入和财富分配，涉及收入分配的状况，通过初次分配、再分配、三次分配优化收入分配结构。要在做大“蛋糕”的基础上分好“蛋糕”，是效率与公平、发展与共享的辩证统一。在社会层面，基本公共服务均等化和公共服务优质共享是其重要表现。基本公共服务主要包括教育、就业、社会保障、医疗卫生等，要推动城市公共服务向乡村延伸，提升城乡基本公共服务均等化水平，让城乡共享优质公共服务，达到公共服务普及普惠。从生活层面看，共同富裕是“五位一体”的全面跃升，涵盖人民对美好生活向往的方方面面，是人民群众物质生活富裕富足和精神生活自信自强，在居住方式、消费方式、行为方式、交往方式、思维方式等方面形成良好的生活理念和习惯，达到环境宜居宜业、社会和谐和睦。

就实现过程来说，共同富裕是渐进富裕，不是效果立现的迅速富裕，不是齐头并进的同步富裕。共同富裕不是整齐划一的平均主义，要分阶段促进共同富裕、细化阶段性共同富裕目标、制定阶段性行动纲要，要在动态发展过程中持续推进，不断取得成效，要坚持协调发展理念，扎实推进不同区域、不同群体之间的协调发展，以高质量发展为基石，循序渐进地实现全体人民的共同富裕。

就实现途径和载体来说，共同富裕是共建富裕，是共建共治共享的共同富裕。必须依靠全体人民共同奋斗、辛勤劳动和团结互助，共同担负起推动经济社会发展的责任，要创造致富机会与良好的致富环境，鼓励全体人民增强内生动力。必须坚持做出更高效的制度安排，增强发展动力，增进人民团结，朝着共同富裕的方向稳步前进。在实现共同富裕的基本制度与体制机制下，要建立科学完善的教科文卫体、住房、社保、公共服务等社会保障体系，现阶段要将促进农民农村共同富裕作为重点。

5.1.2　共同富裕战略下乡村振兴发展的要点

（1）共同富裕与乡村振兴的关系

共同富裕与乡村振兴的内涵统一。2018 年，中央一号文件指出，到 2035 年，乡村振兴要取得决定性进展，农业农村现代化要基本实现；到 2050 年，乡村要全面振兴，农业强、农村美、农民富全面实现。这提出的两阶段政策目标刚好对应了十九大报告提出实现共同富裕分“两步走”的远景目标，可见乡村振兴和共同富裕的内涵是统一的。乡村振兴和共同富裕统一于新时代促进人的全面发展的要求，始终坚持初心和使命，秉承全心全意为人民服务的宗旨，一切从人民的利益出发，提高农民收入、促进农民共同富裕是贯穿我国“三农”发展的根本宗旨（张青，2022）。

乡村振兴是扎实推进共同富裕的必经之路。新中国成立以来，中国乡村不断发展，成就斐然，但仍处于较为落后的状态，是现代化建设的最大短板。乡村振兴的首要任务是缩小城乡差距，实现城乡共同发展和共同富裕。“民族要复兴，乡村必振兴。”全面建成小康社会之后，我国要向实现共同富裕的远景目标而奋斗，实施乡村振兴战略是我国在新发展阶段促进城乡人民共同富裕的重要举措（叶兴庆，2018），是我国在 21 世纪中叶实现全体人民共同富裕的必然要求。乡村振兴的总目标是实现农业农村现代化，而农业农村现代化是实现共同富裕的先决基础（黄承伟，2021）。

共同富裕是高质量实施乡村振兴战略的行动指南。当前我国发展最大的不平衡是城乡发展不平衡，最大的不充分是农村发展不充分，缩小城乡差距，是共同富裕的关键（黄承伟，2021）。探索共同富裕的实践路径，能够探索更有效的发展手段，不断推进农业农村现代化。同时，生活富裕是乡村振兴的总要求之一，共同富裕能够有效衡量乡村振兴的成效，成为考核乡村振兴成果的重要指标。目前乡村振兴的发展模式受到治理方式、城乡统筹发展和产业发展等的影响，这些都是实现共同富裕的“物质”和“精神”富裕的关键。

（2）共同富裕战略下乡村振兴发展要点

以“乡村振兴”“共同富裕”为关键词，通过知网检索，可以发现在各类文献中乡村振兴这个词出现较为频繁，其与共同富裕关联也较为密切，综合其关联情况（图5–2），我们不难看出“高质量发展”“农村集体经济”“共享发展”“城乡融合”“全面振兴”“‘三农’工作”“农业农村现代化”“产业兴旺”“乡村旅游”“新型农业经营主体”“脱贫攻坚”“合作社”“产业振兴”“精准扶贫”等是探讨的重点，其中“产业”“质量”“融合”是其最为关键的要点。

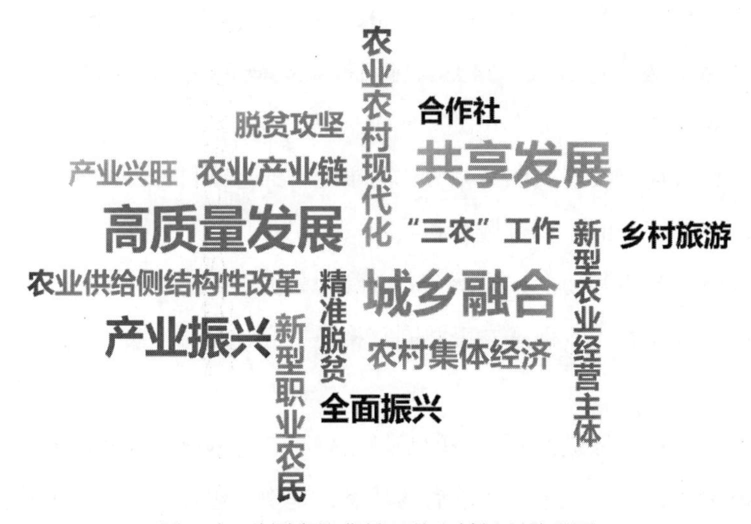

图5–2　共同富裕背景下的乡村振兴关联图

共同富裕战略下乡村振兴发展需要重视“产业”。乡村振兴，产业兴旺是重点。同时，产业振兴是乡村振兴的灵魂和重要基础，是实现乡村振兴重点、难点和必由之路。促进产业发展是推动城乡要素融合，同时可使脱贫攻坚成果和乡村振兴有效结合，迈向共同富裕。其一，产业发展是乡村振兴的内在必然要求。生产力发展是社会发展的前提和基础，经济基础决定上层建筑，经济发展中的产业发展是最重要的因素之一。在新时代乡村振兴的过程中，产业的选择、定位、发展是基础和关键。要高度重视农业在经济发展和乡村振兴中的功能作用，采取有效措施促进农业农村经济多元化综合化融合化发展（姜长云，2022）。其二，产业发展能够保障人民美好生活需求。要满足人民群众安全感和幸福感，解决好城乡发展不平衡、不充分问题，首先要从振兴乡村产业着手（袁银传，2022）。因此，要引导农民积极投身乡村产业以此解决就业问题、保障农民持续增收并实现农民创收。

共同富裕战略下乡村振兴发展需要重视“质量”。高质量发展为乡村振兴和共同富裕提供了重要动力，必须以乡村的高质量发展推动共同富裕进程，把在高质量发展中促进全体人民共同富裕作为推动我国现代化的战略导向。其一，高质量发展是助推共同富裕的重要动力。高质量发展作为新发展阶段的常态，必须坚持以高质量发展为助推，掌握发展方向与发展成果的共享，逐步提升国民经济发展水平，切实增强广大人民群众的幸福感、安全感与获得感。其二，高质量发展为乡村振兴注入强劲动力。改革开放的40多年，农村问题一直是我国每个阶段发展所面对的重点难题。依托高质量发展的路径，广大的农村居民群体将成为促进橄榄型收入分配格局实现的重要支撑，逐步扩大中等收入群体的比例，扎实推进实现全体人民的共同富裕（高越风，2022）。

共同富裕战略下乡村振兴发展需要重视“融合”。城乡融合发展是实现农村现代化和城镇化的规律性趋势（洪嘉嘉，2021）。其一，乡村振兴战略作为当前城乡协调发展中系统工程的一环，要建立健全城乡融合发展体制机制和政策体系，通过城乡融合相关体制机制的设立来推进农业农村现代化。城乡之间各个领域发展不平衡不充分，协同效应差，致使乡村在各个方面发展落后于城市。农村的发展无法满足民众的需求，进一步造成资源的分配不均等。拉动城乡融合是实施乡村振兴战略的前提，城乡融合是一个理念指导、方法指引，是乡村振兴的过程，也是最终的结果，具有整体性和一致性（刘江宁，2022）。其二，乡村振兴，要促进城乡融合，就需要加快城乡要素市场化的改革进程。城乡要素市场化改革是解决我国城乡二元分割现状的重要出路。要激活城乡间的主体、要素、市场，就需要破除影响主体积极性、影响要素流动、影响市场形成的制度障碍。通过加快城乡要素市场改革的步伐，促使城乡要素之间实现自由流动与平等交换，城乡间的发展差距将通过市场自由竞争的力量而逐步缩小，促进实现城乡共同富裕的目标。

5.2　共同富裕战略下乡村振兴发展模式构建

5.2.1　发展理念

共同富裕是社会主义的本质要求，是中国共产党始终追求的奋斗目标，是人民群众的共同期盼。根据《中华人民共和国国民经济和社会发展第十四个五年规划和2035年远景目标纲要》部署，“十四五”期间，全体人民共同富裕迈出坚实步伐，到2035年，全体人民共同富裕取得更为明显的实质性进展。可以看出，共同富裕受到党中央高度重视，并要求在高质量发展中促进共同富裕的实现。乡村作为我国发展的重大载体之一，其生命力的延续作为高质量发展的助推力，对实现共同富裕起着重大作用。而共同富裕旨在效率与公平、物质生活与精神生活、高质量发展目标与过程，及区域平衡性、协调性、包容性发展方面实现统一，因此，实施乡村振兴战略要在共同富裕背景下深入贯彻落实新发展理念。必须按照产业兴旺、生态宜居、乡风文明、治理有效、生活富裕的总要求，充分体现“党建引领乡村振兴”这一重大命题，努力推动农业强、农村美、农民富上新成效的实现。

（1）坚持“绿色”“创新”的发展理念

“共同富裕”视角下的乡村振兴，与之前的乡村产业发展、乡村建设差别在于，应该是建成资源节约、环境友好型的社会，要用绿色的生产方式，让透支的生态修生养息，促进可持续发展，这也是乡村振兴所要遵从的最基本的发展原则。此外，需要有吸引力的“创新”产业，吸引外资注入。当然，从乡村的资源禀赋和区位特色来说，充分发挥乡村“既要金山银山，又要绿水青山”这一绿色发展理念，推动业态的创新。即在山水林田湖草综合系统的开发上，抓住创业条件，做到空间生态资源的立体化开发。同时也要用金融、互联网、大数据、大健康等新理念新工具去创新适应新时代的发展模式。

（2）坚持“多元”“融合”的发展理念

发展产业是乡村振兴的根本之策，产业作为支撑经济发展的核心和基础，是农民增收的坚实保障和建设美丽乡村的经济基础，是促进城乡要素融合、解决就业问题、增加农户收入的重要途径，对实现共同富裕具有重要意义。而2021年是推动脱贫攻坚成果与乡村振兴有效衔接的开端之年，“十四五”规划要求加快发展现代产业体系，用乡村振兴的办法巩固脱贫成果的同时，要借鉴脱贫攻坚的方法推进乡村振兴，进而实现共同富裕（郭俊华，2021）。可通过区位优势的挖掘，市场资源的整合，政府、农户、龙头企业、农村经济合作组织等主体联结方式，调整乡村传统的产业结构，进而形成具有一批现代化特征的产业，将禀赋资源转为经济优势，带动群众增加创收，解决收入差距等问题，形成乡村特有的产业发展模式。例如，在产业扶贫方面有学者提出产业发展带动扶贫模式、瞄准型产业帮扶模式和救济式产业帮扶模式，以解决精准性不足、可持续发展能力低等问题。还有学者提出多方协调构建农业示范园、农业科技园、农业产业园等产业平台，加快建设农商联盟、乡村农业联合体等全新的产业模式，形成产销一体化的全产业发展体系。

（3）坚持“人才”“共同”的发展理念

人才振兴、共同富裕是乡村振兴的内涵要点，推进人才、文化、生态、组织振兴，有利于拓宽致富渠道、促进城乡人才流动、提高精神风貌，进而打造宜居安定的和谐乡村，加速实现多维度、全方面的共同富裕。例如，促进城乡协调发展模式，促进城乡协调发展是实施乡村振兴战略的重要目标。在乡村振兴战略中，人才不仅在产业创新与结构提升中有重要作用，而且在乡村治理与政策落地方面也有着重要的位置。

在第 4 章中，我们提到，乡村振兴需要规划先行，因此，在这个重大战略过程中，处理好乡村振兴中长期目标与短期目标、顶层设计与基层探索之间的关系，注重规划先行、因势利导，更好激发农村内部发展活力，优化农村外部发展环境。挖掘乡村多种功能和价值，统筹谋划经济建设、政治建设、文化建设、社会建设、生态文明建设和党的建设，注重协同性、关联性，整体部署，协调推进。这一切都需要各行各业的人才来实现，不是单一村民就可以完成，因此，人才是乡村振兴大船的掌舵手，共同富裕是城乡建设的终极目标。实现共同富裕是乡村振兴的前进方向，乡村振兴是实现共同富裕的必选之路。

5.2.2　发展定位

乡村发展强调科学制定目标、找准具体抓手、明确方法路径，重在把乡村振兴战略实施好，把融入区域发展大局谋划好。将具有优秀历史文化、资源禀赋、区位条件优越、生态环境良好的乡村充分发挥能效，围绕“特色化、优质化、品牌化”目标，发挥自身优势，对照国家和省创建标准，争创国家级、省级农业发展品牌。

优化乡村规划布局，对民居风貌进行引导管控，让美丽乡村成为吸引游客的特色风景。大力实施乡村建设行动，加快推进城乡基础设施一体化、公共服务均等化，谋划实施好重大水利工程、南水北调配套水厂工程等项目建设。推动要素下乡，用足用活政策，研究探索设立乡村振兴发展基金，建立乡村振兴人才库，吸引更多的资金、人才进入农业领域，为乡村振兴注入活力。建设起具有地域特色的乡村，形成乡村建设示范基地，发挥乡村样板作用，进而促进与城市的融合，找准定位、有所作为，充分发挥省市优势，找准承接、服务、配套、合作、融入的切入点，促进规划、产业、交通、服务等一体化发展，促进农业高质高效、乡村宜居宜业、农民富裕富足。

综上，在共同富裕背景下，乡村振兴战略的发展定位，我们可以总结如下：在形态上保留乡村的风貌，在治理上体现城市（镇）的水平，逐步强化服务周边城市（镇）发展、承接周边城市（镇）核心功能外溢，满足周边城市（镇）消费需求能力等功能，打造具有区域特色鲜明的乡村振兴发展模式，为共同富裕的城乡建设添砖加瓦。

5.3 共同富裕战略下乡村振兴发展模式与类型

通过对全国各地乡村发展特点的综合分析和经验总结，可概括出共同富裕战略下乡村振兴的四大模式，主要包括“生态＋”“文化＋”“旅游＋”以及“互联网＋”模式。四大发展模式的提出，一方面是对传统乡村发展模式的具体化与凝练，有助于内部活力的深化发扬；另一方面有利于指导不同乡村的未来发展，具有一定的借鉴意义，以便形成独具风味的特色乡村，最终实现共同富裕。

5.3.1 “生态＋”模式

“生态＋”模式主要是利用乡村原有的自然肌理与资源本底，以生态振兴为核心，践行绿色发展理念，将生态产业作为区域的支柱性产业，发挥生态产业链能效，将其充分转变为绿色经济效益，重在实现创新、协调、绿色、开放、共享的新发展理念。

充分结合乡村区位优势及产业基础，兼顾经济效益和环境效应，将现有农业的产业形式进行优化，实现集环保农业、技术农业等为一体的“生态＋”的乡村发展模式。例如，在产业振兴方面，通过强化农业科技创新，驱动农业绿色发展，聚焦现代农业生物技术、绿色健康养殖技术，开展关键核心技术攻关，持续推进化肥农药减量增效，推广农作物病虫害绿色防控产品，进一步壮大发展绿色低碳循环产业、生态循环农业（图 5–3）。

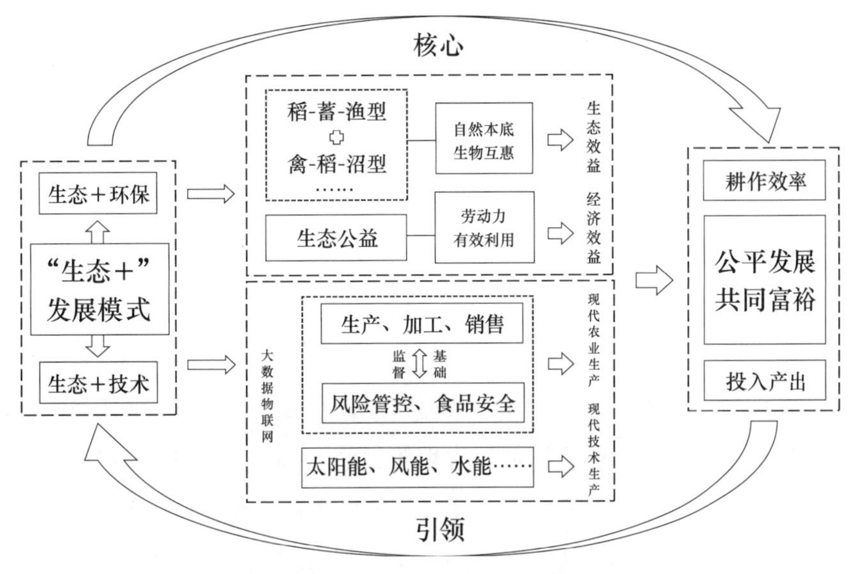

图 5-3　“生态＋”模式图

（1）“生态＋环保”类发展模式则是一种以稻 – 畜 – 渔型水田生态循环为主的可持续发展模式。其主要将水田插秧、养鸭、养鱼、固氮蓝藻繁殖进行融合，形成自然本底与生物的互惠互利，促进集水稻、家畜、水产养殖为一体的生态自给模式的运作发展。同时，也可充分利用家畜家禽资源，形成家畜及家禽 – 稻 – 沼气型的有机循环发展模式（贺炬成，2021），借助沼气的收入产出，促进资源的循环利用。将此类生态发展模式进行经验总结，村户共享，促进村集体共同发展。例如在水网密布、条件丰富的地区还可进行桑基鱼塘等模式的应用。同时，将土地有机资源进行收集再利用，较少化肥等具有污染物的化学用品使用，提升自然山田的修复能力以及培植能力。此外，在山林资源丰富的地区实施生态公益就业，吸纳现有劳动力从事生态护林员、草原管理员、护边员等生态公益岗位，实现乡村振兴的生态效益与经济效益最大化。该类模式重在土地有机资源的回收利用，因地制宜，让村民在生态环保的前提下进行农业生产与生态防护，发挥自身效能，促进自然生态的永续发展与经济效益最大化，以达到村民物质生活与精神生活的富裕。

（2）“生态＋技术”类发展模式则主要依托先进的基础设施和科学技术，利用大数据、物联网等现代信息技术，统筹生态农业的生产、加工、销售等，使生态农业摆脱自身资源的限制，实现农村生态化、农民职业化、产业精细化、管理智能化、产品高标准化目标（贺炬成，2021）。“生态＋”模式是通过深度分析乡村自身优势资源，结合特有的区位条件，进行农业开发模式更新。生态赋能产业底色，精致美丽的乡村建设、宜居宜业的人居环境是共同富裕的重要体现形式。其中，依据绿色发展理念制定出生态与技术切实协同的发展模式，更加注重新型技术的合理应用与植入，使两者处于良好的协同发展关系中。通过技术新动能的能效发挥，利用现代高端技术以减去一些繁杂劳务工作，以提升耕作效率，增加投入产出比，形成完整的组织模式，缩小生态与经济的有序度变化幅度，为乡村发展带来新创收，以缩小村民收入差距，实现公平发展。例如，将生态资源较为丰富的地区进行区域资源禀赋与资源环境承载力分析后，结合现代技术合理规划，科学开发太阳能、水能、风能、土地等自然资源，因地制宜选择光伏发电、水电开发、生态旅游等可持续产业项目。可在阳光充足区域进行太阳能电池板的屋顶铺设，并将光伏发电产权归村民所有；在水流丰富的沿河区域进行水能开发，增加村民收入。该类模式通过绿色产业潜力的深挖，用科技创新重塑农业生态、推进农业转型升级，对产业的实时跟踪监测和生态影响评价，不断创新绿色产业发展体系，实现经济发展与能源结构优化的统筹融合，旨在将绿水青山变成金山银山。

5.3.2 “文化＋”模式

“文化＋”模式则是找寻乡村现有文化底蕴，注重文化资源的开发利用，将文化振兴作为灵魂，带动村民融入文化产业链，使文化产业成为区域支柱性产业，利用文化资源创造文化收益，将现有文化资源优势转变为经济优势。基于共同富裕背景下的乡村振兴发展，不仅是我国乡村经济转型与升级的一种规律性认识，还是促进乡村文化创意产业融合发展的主要途径和新机遇。中国特色乡村文化振兴道路不是自动、自发形成的，而是在党领导广大人民群众建设乡村、推动“三农”工作和提升乡村文明建设质量的过程中逐步形成和发展的，既是对中华五千年传统农耕文明的继承、发展与创新，也有对国外乡村文化建设经验的萃取、借鉴和升华。在已有的产业融合创新模式中，最为常见的是“文化＋艺术”“文化＋品牌”两种形式（图 5-4）。

（1）“文化＋艺术”类乡村文化艺术发展模式主要基于乡村文化资源的艺术乡建，使各类艺术家、建筑师与村民进行文化在地化与本土化凝练，将村内具有传统工艺技术的能工巧匠作为艺术乡村建设主力军，发挥各自动能。在乡村文化艺术的发展过程中，一方面，将传统工艺基础进行现代设计的增加，促进传统与现代文化的交融，例如，棕编、纸编、纸织画、彩灯、风筝等制作工艺，剪纸、刻纸、木版年画、彩绘、皮影等刻绘工艺，马尾绣、苗绣、盘绣、挑花、香包绣等织染工艺结合新兴文化进行丰富，植入新鲜血液（图 5–5）。另一方面，利用村内公共空间、闲置空间，探索乡村建筑美学设计，营造高美学水准的村域空间，提升村民生活艺术品位。通过艺术植入，焕发村内艺术美感，例如将村内现有的艺术工艺等进行活化利用，创造具有特色工艺文化的艺术乡村（付雪薇，2020）。在此基础上，创新乡村文化空间，高质量建设文化驿站；实施精准营销策略，打造集合文创商店、特色书店、小剧场等多种业态的消费集聚地，联合互联网平台、旅游业、产品加工等促进衍生产品的制造与宣传，活化村内现有技艺，让老手艺得到新传承，促进高质量发展（图 5–6）。例如，通过艺术直播，将村内技艺文化等资源整合制作艺术专栏，通过智能手机就可进行艺术学习探讨，进行艺术传播。此外，以美学为引领，促进村内红色文化、通过党建文化的引领、农民主体力量的支撑、物相附着涵养和产业带动，共筑乡村新气象。逐步将乡村文化制度优势转化为乡村文化建设的具体效能，有效提高广大农民的综合素质，借助于文化的规训、认同、化育等功能，化解乡村社会精神生活的荒漠化、社会关系的离散化等问题。

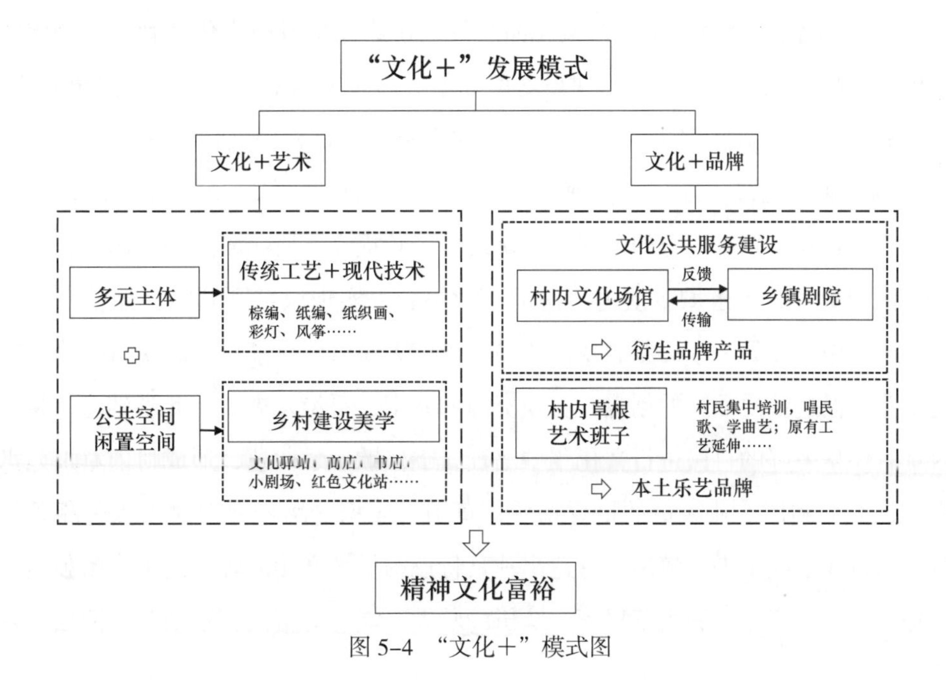

图 5–4 “文化＋”模式图

图 5-5 “文化＋艺术”类乡村图示

图 5-6 “文化＋艺术”类乡村图示

（2）“文化＋品牌”类乡村文化品牌发展模式注重村内文化品牌打造，同时积极促进村内文化公共服务的建设。例如促进高雅艺术下乡，可搭建演出院线，充分利用当地资源，促进村民精神文化的富裕。通过村内文化场馆和乡镇剧院建立城乡演出院线，以统一管理剧院、统一安排剧目、统一按低票价运作的模式，促使强大市场竞争力的发挥，以院线的经营提高了所属剧院的利用率，进而降低演出成本，促进城乡演艺资源的有效整合，实现城乡剧院的一体化经营管理。通过城市优秀艺术资源的乡镇传输，让广大农村群众享受到高质量的公共文化服务，促进演出品牌的创建，实现资源的共享，平衡发展。在此基础上，将村内具有民乐爱好的村民进行文化集中培训，唱民歌、学曲艺，形成村内草根艺术班子，充分利用专业人员的培育指导，草根音乐家的培养促使村内乐艺品牌打造，通过线上线下平台演出，打造出独具特色的村域文化品牌，走出一条独具民风特色的致富之路。利用草根班子队伍的壮大、能力的精湛，不断开拓演出平台路径，将村内本土特色风味演出进行活名片打造。另外，推动中国特色乡村文化振兴，不断汇聚广大人民群众对乡村或村庄的价值共识，推动酒席文化、孝道文化、卫生文化、科学文化、邻里文化、法治意识等全方位的建设，提升广大农民的精气神，以村民精神也作为村品牌，打造幸福村（图 5–7）。

图 5–7　“文化＋品牌”类乡村图示

因此，“文化＋”发展模式则是在于坚持厚植文明乡风，坚持持续发展，提升乡村人居品质、推动乡村文化复兴，提高村民生活品质。通过文化内涵深度发掘商业价值，增加文化产品供给，打造乡村文化品牌，通过民间特色文化产业的开发，建立文化产业基地，弘扬工艺陶瓷、戏剧表演、书法美术、茶酒饮食等各种地域文化，把有形的特色文化产品与无形的民间手艺、传承文化等转变为农户手中实实在在的经济收益，通过政策保障、政策引领，促使乡村经济的活化发展，提升村民物质与精神生活。同时充分发挥农民的主体性作用、大力发展乡村文化产业、积极培育乡村文化社会组织等方式，走协同共治之路。借助其投资见效快、投入产出比高、农户参与度高等优点，不断增强群众的文化自信、荣誉感和成就感，促使群众自发、自觉投入致富之路。

5.3.3 “旅游＋”模式

“旅游＋”模式是将旅游资源开发和乡村振兴相结合，依据各地丰富的旅游资源，结合当地旅游政策，大力发展农业旅游、文化旅游、人文旅游等品质性旅游项目，让村民融入旅游发展产业链，让旅游产业成为区域支柱产业。发展乡村旅游业不但可以促进农村经济快速发展，提高农民的经济收入，还可缩小贫富差距，促进共同富裕。“旅游＋”模式就是我们常说的“农旅”“文旅”融合的振兴模式，后来“文旅”又衍生出来“旅游＋音乐”，“农旅”衍生出“旅游＋民宿”两个新兴产业模式（图 5–8）。

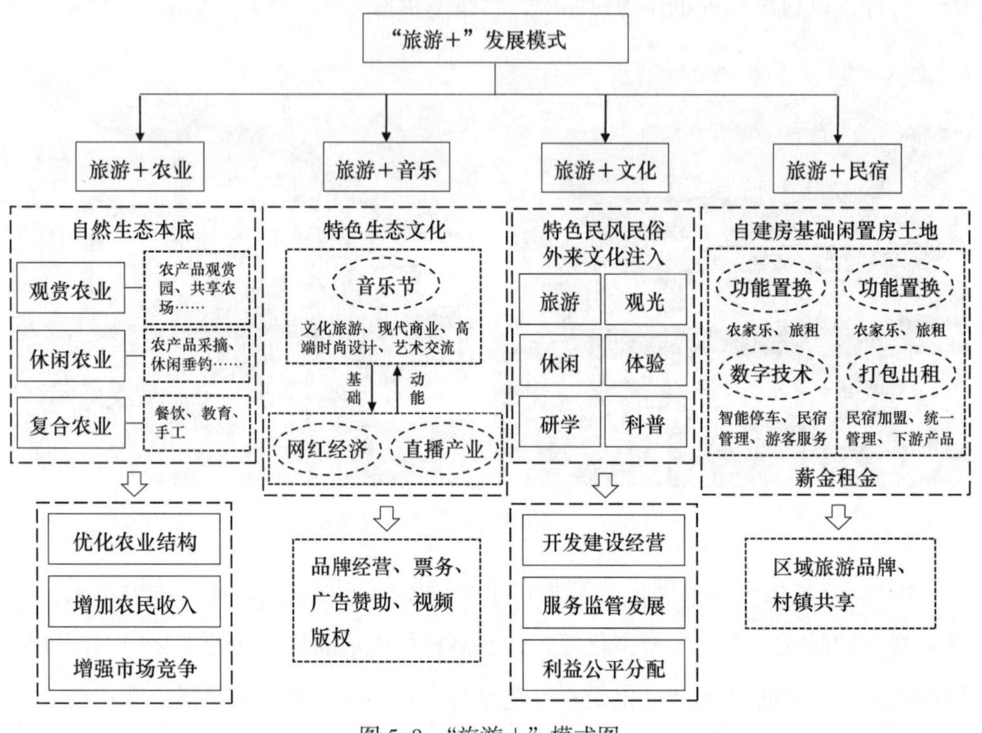

图 5–8 “旅游＋”模式图

（1）“旅游＋农业”（农旅）类发展模式主要将高品质农副产品加工与旅游景观资源开发的三产进行融合，形成以乡村旅游为主导的第三产业。通过农耕文化的挖掘，培育特色鲜明的农产品，并根据这些特点进行乡村旅游业的开发建设，形成一种休闲、娱乐以及观赏为主的乡村旅游项目。例如，农产品种植园观赏、农产品采摘等活动，引入共享农场、休闲垂钓、餐饮、文创、教育等多元化闭合业态（李璐瑶，2019）。提高相应服务水平，注重游客的观光体验感受，让乡村农业生产与旅游项目进行有效结合，发展多功能性复合农业。此类旅游模式的打造可促进农业结构的优化，农村环境的改善以及农民经济收入的增加，同时选取具有观赏价值和旅游价值的农作物品种进行种植，衍生出以农业为主题的旅游产品。另外，充分挖掘目标群体的消费需求，充分利用自然资本为城市人群提供生产力复原地，延长产业链，推动农业供给侧改革。例如，将一三产业融合所提供的产品、服务要同当地服务业、自然资源、城市人群的服务需求结合起来，实行农产品供给侧结构性改革、注入优质生产要素到农村农业，公司化的资本开发经营特色产业、乡村服务业等，增强休闲农业旅游的市场竞争优势。我国地域辽阔，应鼓励拥有丰富自然及生态资源的乡村进行资源利用，大力发展乡村旅游业。

（2）"旅游＋文化"（文旅）类发展模式充分挖掘和利用乡村文化的内涵，通过整体的规划布局和配套服务，突出乡村的特点，打造旅游、观光、休闲、科普、体验功能的具有当地民风民俗的特色产业。乡村文化是乡村旅游业的灵魂，是乡村旅游的重要组成部分。以文化注入为突破口，深化细分文旅融合产业形式布局，不仅能保护旅游地的乡村优秀传统文化，加快文旅融合发展，促进乡村经济持续增长，改善乡民百姓生活、提高生活幸福度，更有利于提升国家软实力，促进社会和谐发展，最终实现共同富裕远大目标。多元化旅游产业的融合有助于带动当地村民积极参与到旅游产业开发与建设、经营与服务、监管与发展、利益与分配等多个环节中，可在最大限度上为当地农户实现创收，提高乡村旅游业各方面的监管力度与服务水平，促进村民与游客的良好互动，形成产业、文化的相互支撑，营建"共创、共建、共享、共赢"的文化产业闭环，以此促进乡村经济全面良性发展。目前，乡村发展大众化现象突出，同质化现象严重，不注重乡土特色的营造。因此，对旅游产品需进行深入挖掘，将乡村特有文化进行引入升华。以往的乡村旅游产业发展模式，通常是过多地依赖于旅游要素或企业投资进行驱动，凭借自身发展乡村旅游具有一定难度。在共同富裕背景下，经过科学技术与新政策的不断优化和升级，不仅有效打破传统乡村旅游业发展模式存在的束缚，还有助于推动乡村旅游向现代化、精品化、创意化方向发展，并打造出一种全新的乡村旅游经营模式，为共同富裕下的旅游消费者提供更加多元化的旅游服务。推进乡村旅游与文化创意产业融合发展，使两者融为一体形成联动机制，对建立文化创意型乡村旅游品牌以及实现两者互利共赢，都具有十分积极的影响。

（3）现阶段，"旅游＋音乐"作为新发展模式则是以共同富裕理念为语境前提。通过举办生态文化音乐节，将旅游与音乐相结合，发挥以音乐节领衔的景区带动型乡村旅游产业发展。通过村内文化旅游、现代商业、高端时尚设计、艺术交流、新型消费、创业办公等业态布局，围绕"音乐文化艺术"主题线，结合当下"网红经济""直播产业"特点精选优质商户入驻，意在推动传统文化、当地特色文化、音乐艺术、文创设计、旅游研学等融合。生动展示了生态文化产业实质上是以"绿水青山就是金山银山"思想为指导观念，走特色的旅游致富发展道路。通过合作伙伴网络的构建，加强文旅运营商和供应商的合作，将优质资源进行盘活，并以文艺活动为载体，同时包装周边衍生产品创意，刺激消费欲望，增加消费黏性，以促进乡村经济的发展。通过文化市场大批资本的入驻，可将音乐节市场逐步过渡到品牌化经营，衍生出许多盈利点，如票务、广告赞助、网络直播视频版权等（陈心怡，2021）。

（4）"旅游＋民宿"类发展模式则是依托村民自建房，重点将自建房进行合理改造升级，经营农家乐，置换房屋功能。同时，引入数字技术，首创"民宿智脑"系统，打造智能停车、民宿管理、游客服务、基础设施等应用场景。将乡村旅游与乡村振兴战略相结合，走出民宿产业发展道路。乡村旅游、民宿产业的发展能够激发村民的创业热情。同时，村集体统一收储流转的闲置房、土地等资源以打包出租的形式与外来资本签订租赁协议，村民既可通过收取"租金"获得收入，又可拿"薪金"进行补充，真正实现家门口就业现状。强化帮促，实现发展效益外溢。以共同富裕为先导，积极探索新型帮共体机制，通过民宿加盟、游客分流等机制的建立，依托地域优势性，打造资源共享、共同发展的国家级知名区域旅游品牌，并与周边镇村分享"先富村"在旅游产业发展、项目融资途径、村域建设和治理、利益分享机制等方面的特色经验，以促进共同富裕。

因此，"旅游＋"发展模式则是注重发挥乡村旅游产业造血能力强、辐射带动范围广等优势，带动农村特色民宿、餐饮、手工业、游乐、音乐产业等行业发展，对农村优化产业结构、促进产业融合具有重要作用。

5.3.4 "互联网＋"模式

"互联网＋"类发展模式则是推进乡村治理数字化建设，以网络信息平台为媒介，利用大数据、云计算、人工智能等技术，加快乡村振兴中对新技术、新业态、新模式的探索。而数字经济作为促进全体人民共同富裕的重要推动力，在高质量发展中促进共同富裕，是新时代新阶段的两大中心课题。在数字化和农业农村现代化的历史交汇期，用数字化赋能农业农村发展，即以推进数字乡村建设助推乡村共同富裕，又有助于推动中国经济健康发展，数字经济的创新效应极大地创造社会财富，溢出效应促进区域平衡增长，协同效应促进行业协调发展，普惠效应促进全民共享数字红利，促进共同发展。因此，基于互联网可延伸出"电商、教育、医疗、居家养老"等模式，赋能乡村振兴（图 5–9）。

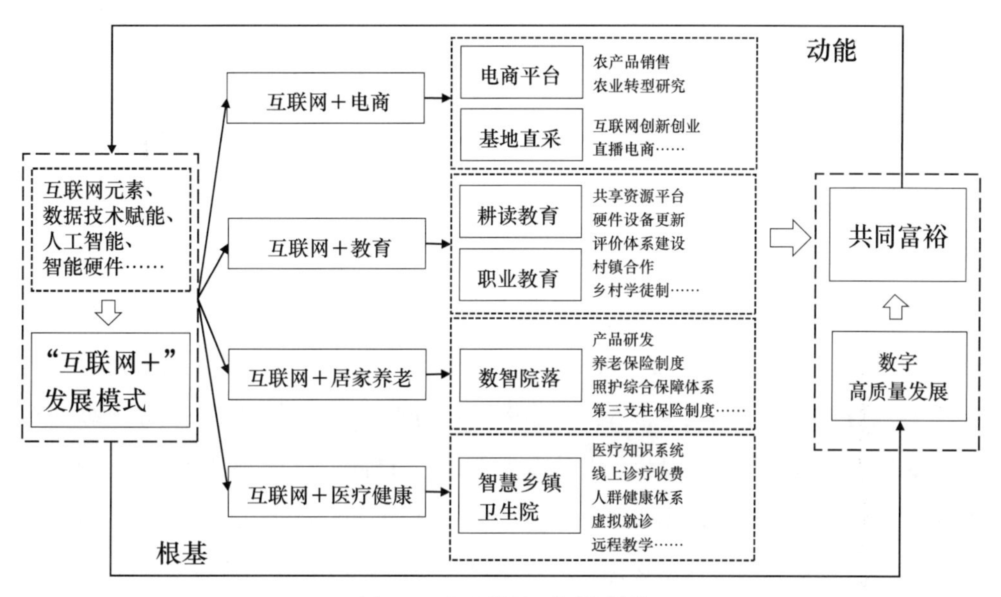

图 5-9 "互联网＋"模式图

"互联网＋电商"类发展模式主要运用电商平台助推农业发展。一方面，农产品电商能有效助推农产品销售和农民增收，由此产生的农村互联网创新创业同样也在不断激发乡村经济活力。现阶段，农产品电商不仅带动了农民收入的增加以及农业的转型升级，还推动农民创业就业，丰富了农民生活。农产品电商的发展是数字乡村建设的重要内容，也是一个有效的抓手。乡村数字经济快速发展，带动了农产品电商"井喷"，农产品的数字化、交易的数字化、物配的数字化、支付结算的数字化、场景应用的数字化、空间位置的数字化、卖场的数字化、供应链的数字化、再生资源的数字化，以及消费的数字化，还有与生产、流通、消费的数字化相适应的治理和监管的数字化，都焕发出乡村新的活力。同时农产品网络零售走向电商基地直采的方式也促进农产品进入"电商基地直采"的新阶段。为数字化农业基地建设和农产品电商基地直采为农业产业发展注入了新动能。另一方面，直播电商作为农产品电商的引擎，持续以市场、消费需求为导向发展数字农业，其合力有助于减少城乡之间的数字鸿沟，为实现乡村振兴提供有力支撑。在数字高质量发展中促进共同富裕，通过数据和技术赋能，逐步化解乡村发展不平衡不充分的问题，既为数字经济发展提供了动力，也为均衡发展提供了共享机制，助力数字经济在高质量发展中促进共同富裕。

"互联网＋教育"类发展模式着力于教育信息化建设。教育发展作为人才、文化振兴的内核，通过顶层设计及统筹整合，建造共享教育资源平台，促进学习硬件设备的更新及评价体系，促使教育条件的改善以及教学水平的提高，最终实现乡村共同富裕。例如，注重耕读教育的践行，通过互联网技术将情感、劳动、审美及道德教育在社会层面融入农村社区教育，在学校层面提供有效保障，在家庭层面改善家风建设，进而从助力乡村振兴的乡土专家、高校人才等的培养出发，构建“社会—学校—家庭”三位一体的耕读教育模式，进而完善乡村振兴人才体系，促进乡村振兴的建设。职业教育与乡村产业系统的耦合同样服务于乡村建设。通过“校镇合作”“乡村学徒制”“农业众创空间”等模式促进乡村要素的融合与互通，将产学研与互联网技术相结合，正培养着拥有“一技之长＋综合素质”的技术应用型人才。因此，以教育为主导实行耕读教育、职业教育双轮驱动，通过互联网创新技术的培育提升，切实加强乡村振兴“软建设”，有助于强化乡民伦理道德教育，培养新型乡民，提升乡民生活质量水平及其精神生活境界。

“互联网＋居家养老”类发展模式则是注重乡民本体生命价值，养老作为当今重要的民生问题，特别是农村存在养老基础薄弱，养老服务供给主体权责不明晰、供需不匹配和服务质量不高等问题，解决好养老问题是促进全体人民共同富裕的应有之意。例如，将互联网元素嵌入到养老产品和服务的研发、设计、生产、销售和养老服务管理的每一个环节之中，将数据信息化、硬件现代化有机融合，推动传统养老服务事业的转型升级，实现“应养尽养”（张建娥，2019），进而健全多层次、多支柱、可持续的养老保险、照护综合保障体系以及第三支柱保险制度可促进各类人群的利益保障，增加幸福感。通过数字赋能的适老化改造以及互联网与养老服务的深度融合，有利于全力构建智慧养老服务新体系，切实满足老年人多元化、品质化的养老服务需求，促进乡村居家养老服务提质扩容，旨在为老年人幸福加码，为共同富裕添砖加瓦。

“互联网＋医疗健康”类发展模式则是在数字乡村经济快速发展背景下，作为改善城乡卫生资源结构性失衡的重要工具，有利于避免规模性因病返贫现象的出现。巩固我国健康扶贫的有效成果，最终实现物质和精神上的共同富裕。当前，我国医疗卫生领域的主要矛盾已转化为人民日益增长的健康生活需要和医疗发展不平衡不充分之间的矛盾，乡村地区的卫生事业发展更是健康中国建设的短板与瓶颈。因此，“互联网＋医疗健康”发展模式则是依靠人工智能、智能硬件逐步完善医学知识系统、诊疗收费医保支付手段、人群健康大数据、虚拟就诊、动态监控等推进健康乡村建设。例如，建设智慧医疗医共体平台，实现多级医疗资源互通，其中通过医疗专家的远程教育分享诊疗经验，提高针对乡村医生的服务能力及就诊率（毛薇，2019）。针对乡村老龄人群，将其原有生活方式、价值观念、寻医问药等方面的乡土特征通过现代医疗卫生与养老服务的融合形成新型医养结合型养老服务模式，改变传统诊疗模式，充分发挥农村社区特色，提升健康老龄化成效（郑吉友，2021）。由此可见，构建“互联网＋医疗健康”模式的医疗服务，通过做好医疗信息共享、医联体、智能导医、延续护理建设等工作，助力于中国医疗健康服务的高质量发展，为实现共同富裕的目标奠定了坚实基础。

因此，“互联网＋”发展模式是以城乡互动为途径，推动农村经济的高质量发展及农村居民的健康素养。通过政府引领，市场主导，农民主体，社会参与，资源共享，协同共建，对农村产销渠道、信息教育、医养健康等具有重要的促进作用。

5.4 共同富裕下乡村振兴发展模式的构成要素

在章节5.3中，阐述了共同富裕下的乡村振兴模式的内涵要点，理解这个由表及里的内涵之后，再来剖析其构成要素组成。随着改革开放后工业化、城镇化的发展，推动我国的城乡治理模式和经济体制的转变，中国城乡关系从城乡对立、城乡分割的二元结构，逐渐实现了城乡融合发展，经济发展方式由经济高速增长向经济可持续、均衡、高质量发展转型（吴映雪，2022）。现阶段我国强调共同富裕的发展目标，乡村振兴建设应当落实“产业、人口、土地、社会、乡村”的五位一体的城镇化理念，不断促进城乡的制度、经济、创新、人才等要素的城乡流动，并实现城乡产业、基础设施、教育资源等方面的协同发展和互联互通，加之在章节4.4阐述的一般乡村振兴模式中，整理其构成要素为：城乡一体化、产业、人才、文化、治理等。

5.4.1 城乡一体化要素

城乡一体化的含义是改变城乡传统二元结构的城乡关系，实现城乡要素双向流动、城乡居民共享教育、人才、产业、土地、文化等权利，实现经济社会的协调统筹发展（叶兴庆，2018）。共同富裕下乡村振兴战略发展模式的“城乡一体化”要素，更加关注提高乡村居民的生活质量，目标要求上除了推进农业现代化，还新增了农业乡村现代化。侧重解决基础设施、生活环境、公共服务的均衡问题，不断提升乡村道路、水、电、医疗、教育等基础设施以及公共服务质量，更新、修缮居民建筑院落，满足乡村居民的基本功能使用以及文化民俗诉求（吕波，2021）。

在中国的城乡关系发展中，城市由于其较高的工业化和经济水平具有一定的主导型特征，相关政策的提出强化了城市的资源汲取地位（廖嗨烽，2021）。城乡经济发展资源的非均衡，乡村部分生产要素和优势资源逐渐流入城市，同时户籍制度作为城市居民行政管理制度，也限制了农村人享受城市社会福利、公共服务、落户购房、教育就业的权利和机会；城乡的二元土地制度亟待破解，乡村土地作为地方政府财政收入的主要来源，农民获得土地补偿费仍较低，难以享受土地未来增值收益，加剧了城乡收入差距和发展困境，制约了城乡一体化发展。

为了应对当前的治理困境，基于共同富裕的发展目标和新型城镇化发展新阶段，我国提出城乡一体化的新政策以及相关要求，通过政府调控机制的主导地位和市场机制的协调作用，充分发挥公众参与的积极作用，完善城乡一体化的体制机制；推进乡村生产规模化、集约化进程，提升土地使用效率，加快乡村劳动力持续向城市非农化转移，促进乡村人口享受城市同等就业机会和社会福利，形成城乡要素平等交换、基本公共服务覆盖化、基础设施均等化的工农互促、城乡互补、全面融合、共同繁荣的新型工农城乡关系，最终实现产业、人才、文化、治理、生态等多方面的融合发展。总体而言，“城乡一体化”要素在乡村振兴战略中非常重要，是实现共同富裕的前提政策基础。

5.4.2 产业要素

产业是实施乡村振兴战略的重要因素，推动乡村产业高质量发展有利于实现共同富裕的发展目标，提升乡村建设与发展潜能。我国应当以促进城乡居民共同富裕为导向，重视三产发展在乡村振兴中的重要功能作用，采取合理的思路选择和战略对策，促进经济产业多元融合的综合发展，因而乡村振兴的产业要素上应该关注以下四个方面。

（1）重点推进乡村三产融合发展。三产融合发展能够提升农业产业链的生产效率和收益能力，提高农民收入情况。以传统的初级农产品等第一产业为基础，不断完善相关运输、产品服务行业，培育龙头企业、合作社以及农户间形成多主体的紧密合作，不断加快技术、资金、土地、创新等投入，挖掘原有产业的附加价值，优化农业在旅游消费、休闲游憩等其他功能性方面的开发利用，其产业增值部分应当更多留在乡村建设和农民收入，实现共同富裕理念的一二三产业深度融合（杨佩卿，2022）。

（2）重视因地制宜的精品产业打造。根据乡村区位情况、资源条件、产业类型的不同，选择有利于在当地经济的产业发展路径，打造精品品牌建设，不断扩大地区性优势产业的经济规模、经济要素投入、生产效率，并实现相关产业链产业协同发展。具备品牌优势效应的龙头企业和主导产业部门，能够为共同富裕下的乡村振兴建设提供重要的驱动力。

（3）加快产业结构优化调整。融合发展的乡村产业发展方式能够在保障农业发展基础上，大力提高第二三产业的发展能力，增加乡村当地的就业带动潜力，实施当地乡村生产要素资源的优化配置。我国应当完善相关财政金融政策，激发居民创新活力，推动多元化、特色化乡村振兴产业发展路径的探索（杨忍，2021）。

（4）关注乡村生态价值挖掘。新时期的乡村振兴建设不仅强调乡村的经济效用价值，更注重乡村的生态保护和景观风貌提升、农耕文化弘扬、民风民俗重现等社会价值。在“绿色、开放、共享”的理念下，我国乡村振兴建设应当基于农村生态本底和乡土人文底蕴，打造区别城市发展模式的，能够满足游客或当地村民生活诉求的乡村（郭俊华，2022）。

5.4.3　人才要素

在共同富裕战略的乡村振兴建设中，党的十九大报告明确提出“产业兴旺、生态宜居、乡风文明、治理有效、生活富裕”的实施要求，而乡村发展策略的实施队伍和模式探索需要层次分明的创新人才队伍的支撑（余侃华，2021）。目前，我国乡村人才队伍建设机制尚未完善，需要在未来中为乡村人才的发展和成长提供充足的机遇和条件。其人才要素包括以下部分：

（1）新型农业经营主体和农业科技人才

农业科技人才是提升农业生产效率、实现高质量经济发展的关键要素，我国应培育一批新型农业人才队伍，在农业生产经营方面，需要具有成熟农业生产技术与实践经验的农民技术骨干、新型职业农民、农民合作社、青年农场主等技术人员和新型经营主体；在后期推广销售和技术管理方面，优化建设乡村新型技术基础设施，结合物联网技术、人工智能技术，实现集农产品生产、农田实时监控、产品销售市场、资金管理流动、多主体交流为一体的智能专家咨询系统。

（2）高层次研究性人才

在农业发展中，我国应在乡村积极组织产学研活动，以乡村土地为基础，引入企业搞笑的研究项目和技术课题，鼓励各类知识专利产权、科研成果的技术转化，完善转化收益不同利益主体的分配方案。能够有效促进当地创新科研能力的提高、打造农业智库团队，部分农业性难题的攻克也有助于农业生产模式的升级，同时也激发了技术性人才对乡村振兴建设的积极性。

（3）绿色农业指导人员

乡村地区作为共同富裕背景下乡村振兴战略的主要发展区域，其生态保护与发展、生态价值实现也是重要的部分，生态农业和制造业方面，我国应当培育具有生态保护、绿色生产技能、生态生产方式价值链管理能力的人才，实现农业规模化、循环化发展，对污染产业实行一定的生态保护补偿标准，打造绿色自然的生态品牌，提高区域性竞争能力。

生态旅游和文化类项目方面，依靠乡村原有的森林、河流、山地等自然要素和历史遗存、民风民俗等传统资源，打造能够将生态产业转化效能的人才团队，包括经营经纪人、非遗传承人、文化村民，提供高价值的文化服务产品，为乡村振兴提供内生推动力。

5.4.4 文化要素

共同富裕理念下的乡村振兴文化要素包括自然文化、以农耕文明为主的民俗文化以及新兴的数字文化。前两者均为传统乡土文化在乡村振兴中心的具象表现，能够提升现代文化的活力、创造力（丁和根，2021）；数字文化是在继承上述优秀传统乡土文化的基础上，与当地多样的文化进行融合，转化发展的新的适应乡村的文化形态观念，数字文化相比前两类文化，能够依赖自媒体等现代网络平台，增加文化的传播渠道，并提升乡村文化的价值。乡村振兴文化要素的发展，能够引发各主体对乡村发展的关注与支持，实现城乡共同富裕的目标。

（1）自然文化

乡村自然文化是依托乡村当地的自然气候、土壤植被、高程水文等环境要素和乡村聚落、建筑特征、古井古池、古树名木等物质要素，共同营造的具有地域性特色、区别于城市建成性风貌的乡村自然地理景观衍生的文化资源。能够反映出乡村生态保护程度和自然基底完善度。具有较高自然文化的乡村，具有更高的经济与社会价值。

（2）民俗文化

民俗文化是乡村传统文化的社会化表达，是乡村人文景观与自然要素长期相互作用、乡村居民社会群体内部产生的文化类型（宋建明，2014），其构成因素可分为物质因素和非物质因素两类。物质因素是乡村民俗文化的主要构成要素，包括牌坊、服饰、街巷营建、居民建筑、寺院、乡村运输工具等；非物质因素是城乡居民主体的意识形态，包括宗教信仰、风俗习惯、名人名迹、传统美德、家风家训、生活方式等（张颖，2011）。物质因素是民俗文化的空间载体，具象化表达出非物质因素。

（3）数字文化

数字文化是借助乡村振兴建设的网络化、数字化的应用服务平台，运用其数字技术和创新能力，盘活乡村振兴文化的存量，带来增量化发展。首先，数字文化作为媒介渠道，能够对乡村内部特有的传统文化、技艺艺术进行传承与传播，运用数据库平台、人工智能、VR 等手段进行历史文化、文化记忆、乡村生活的完整保存和场景再现，提升传统文化竞争力。其次，数字化与智能化的乡村公共服务平台能够丰富村民的信息来源，其提供的实时信息内容，能够满足居民的精神文化需求、数字教育需求，同时优质文化内容、文化产品的流动，能够降低城乡数字鸿沟，弥补乡村现有文化资源类型，多元文化融合、打造具有内涵的乡土文化产品，加快乡村振兴发展进程。

5.4.5　治理要素

在我国乡村振兴中，其治理主体由政府主导的一元化治理走向多元共治，治理模式上更加关注村民、社会、市场的融入，形成党委、政府、村两委、村民、企业等多主体共同参与的治理新格局（叶鹏飞，2021），乡村振兴治理要素包括以下几个方面：

（1）乡村环境治理

乡村环境治理涉及乡村生态环境改善、资源循环利用、垃圾污水管理、村容村貌提升，是打造生态宜居、高质量乡村振兴的有效途径。在传统的乡村振兴环境治理上，主要以国家项目制形式，打造“零污染”的示范性村庄，努力形成整洁的村容村貌、良好的生态景观，在一定程度上提高了乡村环境质量。新时期共同富裕下的乡村环境治理强调应该更加关注村民内部的日常生活环境问题，促进垃圾分类标准、污染预防控制、清洁能源使用等知识的推广，实现政策引导下乡村生活生态化、可持续化转型。随着乡村环保项目推动效率显著提高，环保类基础设施和公共服务配套设施基本完善，相关资金和技术不断增加，呈现出自上而下、政府力量主导、村民主体参与的高效的乡村环境治理模式。

（2）乡村制度治理

乡村制度治理是乡村内部的公共权威运用自身的乡村治理权力，对公共性社会事务处理调整，以影响乡村秩序运行、社会氛围营造的治理要素，由非正式制度和正式制度共同组成。非正式制度包括道德标准、社会风俗、家规家训等行为规范，正式制度是具有相关法律依据制成的政治规则、经济规则和合法契约等。在具体的乡村振兴治理实践中，既存在历史文化活动中逐渐形成的乡村群体共同认知的非正式制度，也包括乡村公共权威以及其他主体制定的正式制度（杜鹏，2021）。我国应实现传统道德规范、现代创新理念、生态保护观念、法律法规规范等治理要素的平衡，重构乡村社会网络，重塑乡村公共空间，实现多要素融合创新下的乡村振兴建设发展（杜春林，2021）。

（3）乡村文化治理

乡村文化治理是旨在推动乡村政治、经济产业、社会文化领域共同发展，实现“五位一体”乡村振兴的综合性路径（孙琦，2022）。本书从以下三个方面进行分析：

第一，文化治理主体的多元化。在乡村振兴的公共事务处理方面，我国应从政府单一管理管控模式，逐渐转变为党政力量、乡村居民、市场企业、社会群体的多元主体协同共治模式（胡惠林，2021）。第二，文化治理内涵的双重性，包括工具性和对象性特征。工具性特征指的是文化治理是乡村建设发展的借助有效手段，能够通过文化实现管理居民的作用。对象性特征，我国不断强调文化治理在乡村振兴和治理中的重要内容和关键性部分，使用乡村治理来规范文化发展（王玉玲，2021）。第三，乡村文化治理依赖在共同富裕背景下对其概念的深层次解读与实施，我国应该采用主体、载体共建，发展意识培养、增长潜力挖掘等方法，解决新时期下治理领域出现的问题，满足城乡居民持续增长的物质与经济需求，重建社会秩序，激发乡村活力（田鹏，2021）。

5.5　发展保障

在共同富裕背景下，乡村振兴保障机制为乡村建设的稳定发展提供了坚实的基础，其有效运营需要依靠多元主体的参与共治、在各类保障方面上明确各类治理主体的权责范围和具体措施，实现高效协作，共同促进乡村治理。保障方面主要包括政策保障、资金保障、人才保障、技术保障和土地保障，这五个维度共同决定乡村振兴的持续发展潜力（万坤利，2021）。

5.5.1　政策保障

政策保障是实现乡村振兴的关键，共同富裕下的乡村振兴需要构筑粮食安全、农业服务、金融服务、经费运转、公共服务供给等方面的完备有效的政策保障，带动党领导的政府、社会、市场协作架构，不断激发乡村自组织活力。一方面，提升各类乡村主体连结性，防范内部风险、维护乡村稳定；另一方面，以多元组合的保障性政策，结合外部资源不断提高乡村发展水平和供给质量，解决不均衡不充分的城乡发展问题与矛盾。具体包括：

（1）加快推进新型职业农民的制度体系

乡村振兴“产业兴旺”与“生活富裕”的发展要求，以及乡村产业很大程度上依托现代农业的科技化、信息化发展，表明农民作为乡村产业的主要参与主体具有重要的作用（张明皓，2021），现代化、市场化的农业发展需要一批具有高度农业生产技术、文化知识水平、综合管理能力和道德品质素养的新型职业农民。一方面，我国应重新制定农民技术水平的职业资格认定标准，并根据其专业工作内容进行细分，如社会服务类农民、生产技术性农民、经营市场性农民等，确定技术等级并颁发相应的职业资格证书，提升整体农民素质水平。另一方面，我国应构建全面化、多层次的新型职业农民培训制度，并以政府的宏观政策调控方式，实现不同部分、上下级之间协调一体化，优化配置各层级的权力范畴，实施具体的政策内容，加强对培训制度的政策支持力量。如在职业农民退休制度上，制定相关退休标准和福利政策，提高农民生产积极性和稳定的收入来源。

当前，共同富裕下的乡村振兴建设中，我国已经不断推进各类新型职业农民培训制度和相关薪酬激励、人员权责、市场监管、培训标准等政策，显著提升了乡村建设效果，培育出大量优质的新型职业农民，带动经济水平发展。

（2）健全农业服务体系

乡村振兴建设不断推进三产融合发展，立足于第一产业农业，实现以农民生产经营者为主体，高新技术、体制机制为发展动力的生产、销售、经营、旅游休闲、社会服务等方面的有机结合，完善的产业链条必须依托农业服务体系的政策支撑。我国的金融、公共服务政策应进一步维持农业农村稳定发展，鼓励、引导建立多元的社会服务组织，服务体系应覆盖乡村主要农产品和当地特色农产品，更好的规避乡村发展面对的产业、供应、价值等要素风险，激发乡村振兴和农业生产的创新活力，为乡村振兴和农民收益提供稳定保障（安百杰，2018）。

5.5.2 资金保障

稳固的资金保障是乡村振兴发展的重要保证，我国当前乡村地区仍旧存在资金供应链短缺、城乡居民收入相差较大等问题，影响了共同富裕背景下乡村振兴战略的实现。为了满足乡村居民多元的经济需求，深化乡村的金额体制改革，打造财政制度保障、金融市场倾斜、外部积极参与的多样化的资金来源格局（蔡羽田，2022）：

（1）创新多样的农业补贴方式

我国应当强调农业生产在乡村振兴经济发展中的重要作用，将稳定农产品价格、市场流通合理化、促进出口、农业基础设施建设、农业科技推广、技能培训教育等方面纳入综合考虑。同时，伴随中国乡村经济水平和农业生产效率的不断提升，农业资金补贴项目应该逐步由广域、普惠性补贴，转向实施对技术、农技等特定针对性补贴方案。对发展较为落后的乡村，我国可以通过经济上扶植经营，减少小规模生产方式的问题，确保农户收入、国家粮食安全以及经济的稳定发展（陈龙，2021）。

（2）实现全面覆盖的农民收入保障机制

一方面，我国应当通过政策手段不断推动政府型农业保障项目的支持力度，对因自然灾害、市场价格等原因收益受损的农民进行不同层次的保险补贴，不断扩大对受损农户的补贴力度以及覆盖程度，提升农民的安全感。另一方面，通过促进农业保险机构进入保险补贴项目，不断推广实施农业保险PPP模式，实现国家国家政策型金融保险项目和社会商业型保险相结合的农业资金保障体系（姜睿，2021）。

5.5.3　人才保障

人才保障是共同富裕下乡村振兴战略实现的核心推动力量，也是当前中国乡村振兴发展的短板。我国应当结合现阶段乡村地区的人才培养存在的问题，借助新兴的技术手段和信息平台，制定符合经济发展规律的，有利于地区性乡村发展、人才素质综合提升的人才扶持机制，整合多元培养方案，全面提升乡村居民的生活质量和振兴能力（丁雪，2022）。

（1）发挥地方政府主导作用

政府作为乡村振兴人才保障机制的主导性力量，应当结合乡村振兴发展具体人才需求，制定乡村人才培育目标，完善农业领域针对性政策、农业科技成果转化要求，以优惠政策、补贴资金等措施，吸引外部较高水平的农业科技人才进驻乡村生产实践，邀请相关专家学者组织专家研讨会，助力当地的农业人才培养和发展方案，共同研判商讨乡村振兴下各类产业的发展方向，为经济提升和人才就业提供较好的发展环境（崔占峰，2022）。

（2）引导建立多元化的人才保障格局

积极引导乡村企业、农业生产合作社、高校以及科研机构的人才培训协作力度，为乡村振兴经济产业提供多方面的服务，包括农业育种、科技种植、生产经营、营销策略、推广普及等，全面覆盖农业生产与经营链，为乡村振兴发展提供高素质的生产经营和技术创新能力的农业人才；优化产业发展模式、激发乡村产业发展活力，为乡村振兴构建完善的，以政府为人才机制主导、农业龙头企业为核心力量、各类生产合作组织为基础、各类院校为技术指导的多元人才保障格局（吴映雪，2022）。

（3）实施综合性的人才供给策略

在共同富裕背景下的乡村振兴发展，我国应当由传统的单一化的农业生产培育方式，转向类型多样、覆盖全面的人才培养体系。一方面，根据不同农业人才的需求，实施农业生产类、经营技能类、电商营销类、文化传承类等丰富的人才保障机制，培育高素质的复合型农业人才。另一方面，在农业人才的专业技能考核和评定时，应当根据乡村发展需求、考核专业类型以及人才评判标准相结合，更加关注人才的实践能力和创新成果转化水平。通过营造全新的农业知识培训以及认证体系，打造农业教育质量优化和知识技能展示的优质空间，能够提升乡村振兴的发展成效（彭华涛，2022）。只有实现多方向综合、立足实践的人才保障机制，才能全面扩宽乡村振兴的人才来源渠道，实现共同富裕的发展目标。

5.5.4 技术保障

技术保障对推动农民的收入增加、实现共同富裕、有效提升乡村振兴质量等方面具有重要作用，乡村信息基础设施建设的覆盖能够实现以数字技术为依托、数字化知识信息为发展要素、为不同发展水平地区的乡村居民提供多类型、全方面、精细化的生活服务大数据云平台和新乡村治理模式。较高的技术保障能够实现在数字乡村建设背景下，农业生产与技术创新的深度融合，开放性、互联性地提高农民的生产方式和效率速度，产品经营上能够开拓新兴市场，增加不同主体间信息获取、要素整合、资源共享、共同创新的机会，提升农民收入水平，推进实现各地市、县、乡镇、村的共同富裕建设（姜英，2021）。

（1）实现产学研一体下的农业技术培训

首先，政府应当发挥其主导性、桥梁性的作用，推进技术推广项目在乡村地区的应用实施，并积极吸引高校、技术企业，根据当地乡村的经济需求和发展生产实际，多方创建农业科研园区、新兴品种研发基地和农业生产技术转移培训基地等，促进专家与当地农户的技术指导、关键农业技术培训，引入农业新品种和现代化的生产设备与技术方法。其次，政府部门应当按照当地乡村的产业发展规划，对主要的农业产业提高技术投入，实现产业多元化、规模化、特色化发展，打造地区创新品牌，实现三产融合发展，将农业产业发展成为当地乡村的优势产业和农民共同富裕的来源。

（2）建设乡村振兴云平台为基础的创新治理平台

乡村应当借助云平台不断开发以电子商务、社区服务、数据开发、旅游信息、医疗环境、安全防范、居民通信等一体式的乡村治理技术支撑平台，对乡村居民开展多形式、多类型的信息系统应用培训，通过打造数字乡村社区能够满足不同居民的特色化、便捷化的社区生活需求和消费需求。同时，创新治理平台能够拓展居民的对于社区治理事务的参与渠道，提供有益的建议，有助于建立常态化的居民、管理方的研讨共治渠道。

5.5.5　土地保障

土地保障是实现乡村振兴目标的基础性策略，乡村振兴需要坚持保障农民的土地使用权利，在土地的出租、流转、国家征收过程中，避免农民财产权利受损害，保证失地农民的合理补偿（李新光，2022）。政府应当始终将解决农业、农村、农民的发展问题作为乡村振兴的关键问题，了解保障农民土地权益的重要性意义，实现“产业兴旺、生态宜居、乡风文明、治理有效、生活富裕”的战略要求，最终稳步实现共同富裕的目标。

（1）健全土地流转的中介服务机制

在乡村建设发展中，应该强调规模化农业生产经营，不断提升土地承包经营权流转的效率，由于农户与专业承包商之间缺少完善的土地出让和用地需求的信息发布渠道，当地基层政府、村委会等发挥了土地流转的中介服务组织桥梁、纽带的作用（韩克庆，2021），对土地流转进行了一定的过程干预和决策参与，制定合理的交易价格，规范土地流转方式，充分满足不同主体的生产需求。政府应当构建信息发布平台，将城市信息、经济、技术要素与乡村土地资源相结合，实现乡村振兴。

（2）完善土地流转相关法律制度

在共同富裕背景下的乡村振兴发展过程中，部分乡村土地流转工作缺乏完善的法律制度支持，导致乡村建设中存在程序正规、管控效果不足、开展方式受限的问题，政府应当针对于乡村建设和实际经济发展问题，出台规范土地流转行为的法律条例和政策文件，提出乡村土地流转法律问题和合理解决方案。其次，应当通过社区宣传、新闻媒体等方式提高相关法律法规的传播力度，使农民法律意识和法律知识不断提高，并在各项法律制度下维护自身经济权益，从而彰显土地保障对于乡村振兴建设的实际作用。

参考文献

[1] 安百杰．乡村公共服务供给侧改革视域下村级组织运转经费保障政策研究［J］．山东社会科学，2018（07）：165-170.

[2] 蔡羽田．乡村振兴战略下农技协助推精准扶贫的路径与价值［J］．农业经济，2022

（01）：91–92.

［3］陈龙．中国特色小农振兴道路：战略方向、路径选择与政策保障［J］．西北农林科技大学学报（社会科学版），2021，21（01）：72–79.

［4］陈心怡，丁胜．生态文化视角下乡村旅游产业发展模式分析——以音乐节为例［J］．中国林业经济，2021（04）：83–85，137.

［5］崔占峰，崔宏瑜，王泽光．乡村社会治理中的有效参与：青年参与的动力系统研究［J］．当代青年研究，2022（01）：34–41.

［6］丁和根，陈袁博．数字新媒介助推乡村文化振兴：传播渠道拓展与效能提升［J］．中国编辑，2021（11）：4–10.

［7］杜春林．制度变迁、财力变化与乡镇治理能力提升——兼论农村税费改革后的乡村关系转型［J］．南京农业大学学报（社会科学版），2021，21（04）：59–67.

［8］杜鹏．乡村治理的“生活治理”转向：制度与生活的统一［J］．中国特色社会主义研究，2021（06）：91–99.

［9］付雪薇，管艳民，吴菲．美丽乡村建设背景下农村公共空间生态设计策略研究［J］．建材发展导向，2020，18（12）：31–33.

［10］高越风，陈沛绅．论高质量发展、乡村振兴与共同富裕的逻辑理路［J］．领导科学论坛，2022（01）：70–73.

［11］郭俊华，卢京宇．产业兴旺推动乡村振兴的模式选择与路径［J］．西北大学学报（哲学社会科学版），2021，51（06）：42–51.

［12］郭俊华，王阳．乡村振兴背景下农村产业政策优化调整研究［J］．经济问题，2022（01）：85–92.

［13］韩克庆．土地改革、脱贫攻坚抑或社会保障——中国农村减贫的成功经验［J］．理论学刊，2021（02）：133–142.

［14］贺炬成．新技术下生态农业发展模式研究——以蓝田村为例［J］．农村经济与科技，2021，32（11）：1–3，17.

［15］洪嘉嘉，王爱云．乡村振兴视域下的城乡融合发展［J］．农村经济与科技，2021，32（23）：269–271.

［16］黄承伟．论乡村振兴与共同富裕的内在逻辑及理论议题［J］．南京农业大学学报（社会科学版），2021，21（06）：1–9.

［17］姜长云．新发展格局、共同富裕与乡村产业振兴［J］．南京农业大学学报（社会科学版），2022，22（01）：1–11，22.

［18］姜睿．乡村振兴战略下社会资本投资对农业转型升级的影响逻辑［J］．农业经济，2021（12）：98–99.

［19］姜英．5G时代数字技术对乡村社会治理的支持与应用［J］．农业经济，2021（10）：

48–50.
[20] 李璐瑶，郭丽．浅析乡村振兴背景下的田园综合体规划设计［J］．四川农业科技，2019（10）：5–9.
[21] 李新光，焦灵玉，祝国平．农村土地经营权流转政策的历史变迁、演进特征与改革取向［J］．经济问题，2022（01）：78–84.
[22] 廖嗨烽，王凤忠，高雷．中国乡村产业振兴实施路径的研究述评及展望［J］．技术经济与管理研究，2021（11）：112–115.
[23] 刘江宁，袁瑞．乡村振兴重在城乡融合［J］．经济，2022（02）：54–56.
[24] 吕波．乡村振兴与农村发展的可行路径探究［J］．南方农业，2021，15（26）：138–139.
[25] 毛薇，王贤．数字乡村建设背景下的农村信息服务模式及策略研究［J］．情报科学，2019，37（11）：116–120.
[26] 彭华涛，皇甫元青．巩固拓展脱贫攻坚成果与乡村振兴的衔接机制分析［J］．江汉论坛，2022（01）：65–71.
[27] 孙琦，田鹏．基层社区文化治理体系转型及重建的实践逻辑——基于苏北新型农村社区的实地调查［J］．南京农业大学学报（社会科学版），2022，22（01）：118–127.
[28] 田鹏．文化转型视角下农村社区文化治理体系重建的实践逻辑［J］．暨南学报（哲学社会科学版），2021，43（11）：77–89.
[29] 万坤利．乡村软治理生成的动力机制研究［J］．贵州社会科学，2021（07）：162–168.
[30] 王玉玲．驻村青年参与乡村文化治理的路径探析［J］．人民论坛，2021（33）：89–91.
[31] 吴映雪．乡村振兴项目化运作的多重困境及其破解路径［J］．西北农林科技大学学报（社会科学版），2022，22（01）：23–33.
[32] 杨佩卿．新型城镇化和乡村振兴协同推进路径探析——基于陕西实践探索的案例［J］．西北农林科技大学学报（社会科学版），2022，22（01）：34–45.
[33] 杨忍，张昕，林元城．农业型专业村地域类型分化特征及对乡村产业振兴的启示——以广东省为例［J］．经济地理，2021，41（08）：34–44.
[34] 叶鹏飞．秩序与活力：乡村文化治理的问题与反思［J］．湖北民族大学学报（哲学社会科学版），2021，39（06）：69–79.
[35] 余侃华，魏伟，杨俊涛，等．基于乡村振兴的人才机制反思与模式建构——以韩国“归农 • 归村”计划为镜鉴［J］．国际城市规划，2021（11）：1–13.
[36] 袁银传，康兰心．论新时代乡村振兴的产业发展及人才支撑［J］．西安财经大学学

报，2022，35（01）：98–107.

[37] 张明皓，叶敬忠. 脱贫攻坚与乡村振兴有效衔接的机制构建和政策体系研究［J］. 经济学家，2021（10）：110–118.

[38] 张琦，杨铭宇. 民族地区乡村文化治理：逻辑起点、理论机理与实践路径［J］. 西南民族大学学报（人文社会科学版），2021，42（10）：114–121.

[39] 张青，郭雅媛. 以乡村振兴促进共同富裕：逻辑内涵、时代挑战与路径抉择［J］. 农村金融研究，2022（01）：3–9.

[40] 郑吉友. 乡村振兴战略下农村医养结合型养老服务体系研究［J］. 广西社会科学，2021（11）：17–26.

[41] 邹荣. 乡村文化感官性危机下的乡村振兴治理［J］. 攀枝花学院学报，2022，39（01）：91–101.

[42] 朱中原，王蓉，胡静，等. 基于网络信息的江西省乡村旅游地吸引力评价及空间分析［J］. 长江流域资源与环境，2020，29（08）：1713–1722.

第二部分

区域篇

第1章　浙江省乡村振兴实践

1.1　浙江省乡村振兴发展背景

浙江省的乡村振兴始终走在全国前列，是全国农业现代化进程最快、乡村经济发展最活、乡村环境最美、农民生活最优、城乡融合度最高、区域协调发展最好的省份之一。经过十几年的乡村振兴建设，浙江作为全国唯一省部共建乡村振兴示范省，目前，乡村振兴发展数量多且发展质量水平高、建设速度快且落实效率高、产业差异大导致发展模式不同，但同时也存在部分乡村内生发展动力不足、村容村貌单一古板、乡村风貌被毁等问题。

1.1.1　发展现状

2021年12月，在浙江省乡村振兴战略规划中期评估中，指出2018—2020年全省乡村振兴战略规划目标完成良好，多项指标提前两年达到目标，七项重点任务进展顺利，十二项标志性工程推进情况总体良好，农村数字化改革切实有效进行，城乡融合发展速度加快。

浙江省乡村振兴发展数量多、发展质量水平高。截止到2019年底，浙江省已有6155个新时代美丽乡村达标村。2016—2018年，共有900个美丽乡村示范村，形成“杭嘉湖”和“金衢”两大集聚区，在各市县分布相对均衡（吴丹丹，2022）。除了乡村振兴数量较多以外，目前浙江乡村振兴的发展质量也较高。浙江乡村建设本身基础较好，早在20世纪末便启动农业农村信息化产业，各类形式的“土地流转”也有助于乡村生产力发展（李敢，2022）。浙江省的美丽乡村以《新时代美丽乡村建设规范》为标准，不断打造精品乡村。

浙江省乡村振兴建设速度快、落实效率高。根据省统计局数据，第十四次党代会以来，浙江深入实施乡村振兴战略，成果显著。经济发展层面，浙江省农林牧渔业总产值逐年增加（图1-1），2021年达3579亿元，比2017年增长15.7%，集体经济薄弱村全面消除。产业转型层面，休闲农业、乡村旅游等新兴业态加速发展，2020 年开展乡村旅游的村达 4976 个，占所有村的 23.6%，浙江的乡村振兴向着生态化、科技化、数字化发展，现代农业转型加快。环境改善层面，农村垃圾、污水、厕所革命等改革也进一步推进美丽乡村建设。文化提升层面，浙江省大力建设农村文化礼堂，多次开展文化下乡活动（表 1–1），推动乡村振兴发展。

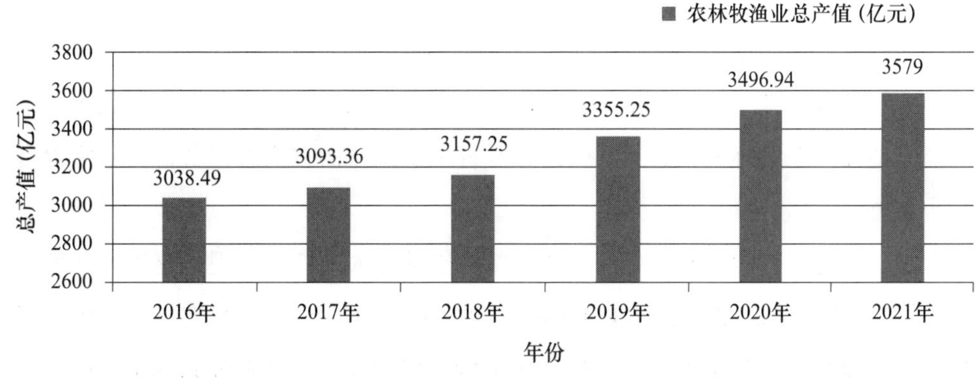

图 1–1　2016—2021 年浙江省农林牧渔业总产值统计图

（数据来源：浙江省统计局）

2021 年浙江省乡村文化服务供给情况　　　　**表 1–1**

送戏下乡（场）	送书下乡（万册）	送讲座展览（场次）	开展“文化走亲”活动（场次）
21722	418	23877	2354

（数据来源：浙江省统计局）

浙江省产业差异大，乡村振兴发展模式不同。浙江省虽然经济总体水平高，但区域存在差异性，2021 年，宁波人均 GDP 达 15.3 万元，而丽水为 6.8 万元。沿海城市海洋经济较为发达，如宁波、舟山、台州等；内陆山区工业基础薄弱，如衢州、丽水等。杭嘉湖平原地形平坦，适合机械化农业发展（吴启富，2022）。2020 年 10 月，浙江总结提出乡村振兴十大模式，根据不同区域特色本底差异化发展，体现乡村振兴因地制宜的原则。

1.1.2　存在问题

近年来，浙江乡村发展迅速，安吉、德清、淳安、桐庐等多地成为全国乡村振兴的典范，为全国乡村建设提供了浙江样本、浙江经验和浙江方案。但是，纵观浙江乡村振兴的发展，仍然存在提升的空间和发展的潜力，如部分乡村内生发展动力不足、村容村貌单一古板、乡村风貌被毁等问题。

由于部分乡村造血能力不足，人才易引进难留住。浙江各地均出台相关政策引进人才，但实际中，乡村青年人才在乡村服务一段时间后，流向城市的意愿更强。尤其是浙江山区 26 县的乡村青年人才流失较多，导致老年人和留守儿童成为主要群体。乡村振兴可持续发展需要长期的造血活力，有特色产业的乡村才能获得市场竞争力，带动村集体经济发展。懂技术、善经营、会发展的乡村人才队伍也极其重要，如建德的乡村产业技能大师和工作室为乡村产业建设提供技术支持，安吉鲁家村在一批对家乡有情怀、有决心、有动力的村干部带领下成为国家级“乡村振兴”的标杆，而浙江的部分乡村缺少这样的领头人，乡村发展活力自然也不够。

浙江部分乡村村容村貌单一古板，整洁但缺乏人文特色。现代建筑大师赖特曾说，“土生土长的文化是最具有生命力的文化”。大部分的乡村建筑缺乏区域性符号，置身村庄，房屋的样式一致，街道的尺度相似，干净整洁却缺少韵味。乡村振兴不是一味强调整齐的房子和统一的建筑风格，目前农村的建设以实用性为先，缺乏魅力，标准化和模式化的建设造就单调的乡村。家家户户建筑雷同，缺乏特色，乡村的活力难以体现。

浙江部分乡村风貌已被破坏，在艺术建设乡村中，存在乡镇政府和基层干部审美缺失导致的乡村景观在乡村环境中难以融合的问题。粗陋低级的雕塑、石板路被改为水泥路等现象仍然在浙江乡村存在，掩盖了乡村的乡土味。大多数的乡村也会采用墙绘的形式装点乡村，墙面充斥着说教图文。但乡村的美化首先需要考虑的是乡村本身的特色和魅力并将其放大，讲究“留白”的艺术，而不是用彩色的墙绘毁掉原先质朴的面貌和历史价值。

1.2 浙江省乡村振兴发展历程

1978 年至今，浙江从当年的资源弱省一跃成为经济强省，农村居民人均收入连续多年占据全国各省前三甲。尽管浙江省整体发展位于全国前列，但 21 世纪初期，浙江省乡村发展对于城市来说相对滞后，存在村庄环境“脏乱差”、基础设施不完善、社会公共资源不平衡等问题。为此，2003 年 6 月，习近平同志主政浙江时提出“千村示范、万村整治”工程，以新农村建设为主要工作重点，缩小城乡差距，由此拉开了新时期浙江省乡村振兴的序幕（王微，2020）。

1.2.1　乡村振兴探索阶段——“千万工程”的实施

2000 年后，浙江各地根据农业农村现代化发展要求，积极发展乡村经济，取得了一定成就。然而，城乡差距被进一步拉大，农村居住环境仍然较差，生态环境遭到破坏。2003 年 6 月 5 日，浙江启动“千村示范、万村整治”工程，其主要目的是改善村庄环境、完善农村基础设施、缩小城乡二元差距。由各级政府集中财力物力编制乡村示范村规划，以此盘活乡村的存量用地保证乡村建设用地充足；省委省政府确立工作协调小组，确定全省示范村与整治村名录，建立各地政府的验收与评优程序；把市场机制引入乡村，为乡村建设带来充足资金，降低政府、乡村建设成本（傅宏波，2006）。

1.2.2　乡村振兴深化阶段——“美丽乡村”的提出

在村庄环境整治的背景下以及两山理论的指导下，2008 年，安吉县提出了“美丽乡村”战略，并提出“规划、村容、创收、乡风”的四美要求（季雨奇，2021）。2010 年，浙江省政府在“千万工程”的基础上提出“美丽乡村”建设决策，并且同年出台了《浙江省美丽乡村建设行动计划（2011—2015 年）》，其主要从四个方面来进行计划的开展：继续推进农村生态人居体系；打造农村生态经济体系；建设农村生态文化体系；优化农村生态环境体系。实现浙江农村“规划科学布局美、村容整洁环境美、创业增收生活美、乡风文明身心美”的建设要求。

1.2.3　乡村振兴成熟阶段——“万村景区”的建设

2013—2017 年，在安吉县全面完成全县剩余村的创建和配套连接工程的建设，最终实现安吉全县“美丽乡村”建设目标。2016 年，浙江省省政府提出《浙江省深化美丽乡村建设行动计划（2016—2020 年）》提出乡村“一处美”向“全域美”建设；生态美与经济美双头并进，以实现环境美与产业美、自然美与人文美、形态美与制度美相统一，打造美丽乡村升级版。2017、2020 年浙江省提出推进“万村景区化”和“全域美丽大花园”建设的新决策，万村景区化是“美丽乡村”的延伸，是“八八战略”引领下践行“两山”理论的实践，努力改善农村人居环境，守护绿水青山的一场接续奋斗。浙江乡村逐渐变成“越发展越有吸引力、越有吸引力越发展”的良性循环，真正地使乡村走上可持续发展道路。

1.3 浙江省乡村振兴政策解读

从浙江省成为全国共同富裕示范区以来，浙江省政府在此目标的要求下，积极落实《中共中央、国务院关于支持浙江高质量发展建设共同富裕示范区的意见》，颁布了一系列关于乡村振兴的政策以及意见（表1–2）。

浙江省乡村振兴各个政策特点解读　　表1–2

政策名称	具体内容
《浙江省乡村振兴促进条例》	落实领导责任、明确乡村功能
高质量创建乡村振兴示范省推进共同富裕示范区建设行动方案（2021—2025年）	产业提升、特色旅游、绿色农业、科技创新、基础建设、制度改革
《中共浙江省委浙江省人民政府关于2022年高质量推进乡村全面振兴的实施意见》	农业双强、乡村建设、农民共富

（1）《浙江省乡村振兴促进条例》

《浙江省乡村振兴促进条例》已于2021年7月30日通过，自2021年9月1日起施行。其对乡村的定义以及范围做出明确界定，对各级领导的责任做出明确要求，明确乡村的四大特有功能：促进城乡融合、乡村产业提升；打造生态宜居、铸造乡风文明；乡村治理有效，打造数字乡村；人才注入乡村，完善保障措施。

（2）《高质量创建乡村振兴示范省推进共同富裕示范区建设行动方案（2021—2025年）》

为推动建设浙江省共同富裕示范区，落实《中共中央、国务院关于支持浙江高质量发展建设共同富裕示范区的意见》，农业农村部、浙江省人民政府制定了《高质量创建乡村振兴示范省推进共同富裕示范区建设行动方案（2021—2025年）》，主要围绕乡村振兴从六大重点任务展开制定：延展乡村产业链条，稳定提升粮食产能；拓展农业多种功能，促进发展乡村旅游；发展绿色生态农业，发展低碳循环产业；强化农业科技创新，推进关键技术攻关；建设美丽宜居乡村，推进城乡基础设施；深化乡村政策措施，深化土地制度改革。

（3）《中共浙江省委浙江省人民政府关于2022年高质量推进乡村全面振兴的实施意见》

2022年，《中共浙江省委浙江省人民政府关于2022年高质量推进乡村全面振兴的实施意见》正式发布，《意见》内容主要概括为五大方面，26条具体措施。产业振兴是全面乡村振兴的基础，通过“当地政府＋科研单位＋企业”的多跨协同模式解决浙江农业产业发展面临的难点，实现“一地创新，全省共享”。乡村建设是乡村振兴的关键点，通过完善提升乡村“软”“硬”基础设施进一步促进市场资本、公共服务资源向乡村流动。坚持推进农民的共富道路，浙江省通过强村公司、乡贤助力、“飞地”抱团等创新机制促进集体资源变资产、充盈村集体经济、带动更多农民增收致富。乡村全面发展是乡村振兴重要举措。全面发展的核心在于全面激活要素资源，通过提出“市场化改革＋集体经济”“标准地改革＋农业‘双强’”“宅基地改革＋乡村建设”“数字化改革＋强村富民”四条措施来贯穿“大力推行乡村经营”理念。

参考文献

[1] 傅宏波. 浙江探索新农村建设成功之路[J]. 观察与思考，2006（07）：15-23.

[2] 季雨奇. 安吉余村：青山绿水间的美丽乡村[J]. 浙江林业，2021（08）：34-35.

[3] 李敢，李硕. 乡村振兴背景下“共同富裕”的实践探索与理论机制：一个综合分析视角[J]. 南京邮电大学学报（社会科学版），2022，24（02）：8-20.

[4] 王微，刘世华. 农村人居环境协作治理的实践路径——以浙江“千村示范、万村整治”经验为例[J]. 广西社会科学，2020（06）：52-56.

[5] 吴丹丹，吴杨，马仁锋，等. 浙江美丽乡村空间格局及可持续发展模式研究[J]. 世界地理研究，2022，31（02）：363-375.

[6] 吴启富. 乡村振兴背景下的浙江省农村发展路径分析[J]. 安徽农业科学，2022，50（01）：268-270，273.

第2章　山区26县乡村振兴实践

2.1　发展理念

浙江山区26县，特指衢州、丽水两市的所辖县（市、区）（柯城区、衢江区、江山市、常山县、开化县、龙游县、莲都区、龙泉市、青田县、云和县、庆元县、缙云县、遂昌县、松阳县、景宁畲族自治县），以及淳安、永嘉、平阳、苍南、文成、泰顺、武义、磐安、三门、天台、仙居26个县。

进入21世纪，浙江在“八八战略”指引下，深入实施山海协作工程，探索走出了一条共创共享、合作共赢，具有浙江特色的区域协调发展之路，推动山区26县发展迈上了新台阶、与全省同步实现高水平全面小康（史林，2019）。

2.1.1　坚持新发展理念，促进山区26县乡村振兴

（1）坚持创新发展，促进产业振兴

山区26县乡村振兴将创新作为关键措施和战略支撑。围绕产业振兴，大力推动农业高质量发展，在乡村产业发展上，推动乡镇和村优先发展，提高农民的收入和就业率，优化乡村资源要素配置效率（沈晨曦，2022）。

（2）坚持协调发展，促进组织振兴

实施山区26县的乡村振兴战略，应当实现城乡规划一体化发展，从协调发展理念出发，促进城乡多元融合，实现产业振兴、人才振兴、文化振兴、生态振兴、组织振兴的发展（史林，2019）。

（3）坚持绿色发展，促进生态振兴

乡村振兴战略提倡建成资源节约型、环境友好型的社会，要用绿色的生产方式，让透支的生态修生养息，促进可持续发展（夏小菲，2020）。山区26县乡村振兴应当注重环境保护和经济增长的协同，优化乡村生产生活方式，推进山水林田湖草系统化、精细化治理（李荣生，2020）。坚持人与自然和谐共生，走乡村绿色发展之路。围绕促进生态振兴，建设生态宜居的美丽乡村。

（4）坚持开放发展，促进人才振兴

实施乡村振兴战略，必须破解人才瓶颈制约。一方面建立职业农民制度，打造“土专家”、职业农民、农业职业经理人的多元农民队伍（张容，2021）。另一方面，制定人才返乡创业创新的优惠政策，为乡村振兴提供人才保障（王荣德，2020）。同时坚持开放发展的理念，促进乡村市场化、高质量发展。

（5）坚持共享发展，促进文化振兴

实施乡村振兴战略，既要发展产业、壮大经济，更要激活文化、提振精神，繁荣兴盛农村文化。推动营造良好家风、传统文化、现代文化的营造，实现文化要素和基础设施建设共同推进、共享发展（马仁锋，2018）。

2.1.2 统筹区域一体化，推动山区跨越式发展

山区县实现共同富裕，还要依托产业的支撑。紧紧围绕山区 26 县主导产业，围绕抓平台、抓龙头、抓技能、抓技改、抓上市、抓招大引强，用主导产业实现山区 26 县的共同富裕。重点聚焦村集体经济和低收入农户这两端的增收。对于没有劳动能力的低收入农户，要实现政府全部兜底；对有劳动能力的低收入农户，要提供公益性就业岗位，还要通过产业来带动就业，通过“公司＋农户”增收模式来实现低收入农户增收。

2.1.3 推动基础设施建设，打造“生态＋”的共富之路

山区 26 县因为资源禀赋和发展条件的限制，是浙江省域发展中相对而言的“短板”。如何在努力缩小地区差距、促进共同富裕的大背景下更好地补短板，并实实在在取得标志性的成果，是摆在全省人民面前的一道全新的考题。实现发展生态经济和完善公共服务的深度融合、相互促进，是化繁为简缩小地区差距的出路之一。

随着实践的深入，生态经济的业态也在不断丰富和发展。生态农产品正在向有机安全的高效名品升级，且产业链不断延伸、形态日益多样化。生态工业在互联网技术的加持赋能下，正在加速数字化、绿色化转型。生态旅游结合农村宅基地制度改革的深化，已从简单的农家乐、风光游，向民宿游、书院和田园体验游、特色风情游、休闲度假游、旅居康养游等高端形态转化。互联网头部企业甚至越来越多地将高强度的编程、研发、文创等内容生产部门，落户在生态环境得

天独厚的山区县，开辟生态知识创造业的“第二空间”。生态经济的四大业态相互渗透、互为加持，不断凸显山区26县的生态环境优势，展现了生态经济内生健康发展之路的广阔前景。除此之外，山区县为全省维护生态屏障、保护生态环境、增值生态资本所做出的贡献，也需要得到公允的认可和合理的补偿；对山区县老百姓的人均财政支出和山区县人均可支配收入与省内其他地区的差距，也应当努力加以缩小。

与此同时，还要继续改善山区县的投资和发展环境，探索欠发达地区跨越式发展新途径，坚持基础设施先行、教育培训先行、“内聚外迁”先行、生态经济先行。要抓好“四个先行”，生态经济方面，推动山海协作工程升级版，从过往较多提供“产业输血”的“授人以鱼”，向更有利于山区县可持续发展“产业造血”的“授人以渔”转变。基础设施方面，“若要富，先修路”，山区26县整体跨越发展，要实施26县交通赶超提升行动，打造山区县在全省3个“1小时交通圈”建设进程。

2.2　山区26县乡村振兴政策解读

山区26县土地面积约为浙江全省的45%，人口接近全省的24%，在过去相当长的一段时间里是浙江发展的“失衡之痛”。改革开放以来，浙江省委、省政府一直高度重视山区县加快发展。2003年7月，时任浙江省委书记习近平同志作出了“八八战略”的重大决策部署，提出要进一步发挥浙江的山海资源优势，大力发展海洋经济，推动欠发达地区跨越式发展，努力使海洋经济和欠发达地区的发展成为浙江经济新的增长点（史林，2019）。浙江省牵头山区26县跨越式高质量发展工作专班，深入实施做大产业扩大税源行动和提升居民收入富民行动，“一县一策”推动山区26县跨越式高质量发展，基本构建了山区26县跨越式高质量发展“1＋2＋26＋N”政策体系（表2–1）。

山区26县“1 + 2 + 26 + N”政策体系表　　**表2–1**

山区26县“1＋2＋26＋N”政策体系	政策名称	具体内容
“1”	《浙江省山区26县跨越式高质量发展实施方案（2021—2025年）》	分类明确发展目标、加快构建现代工业体系、打造绿色制造体系、抓好招才引智工作

续表

山区26县"1+2+26+N"政策体系	政策名称	具体内容
"2"	《进一步加强山海协作结对帮扶工作的指导意见》 《关于加强山区26县结对帮扶工作促进巩固拓展脱贫攻坚成果同乡村振兴有效衔接的指导意见》	构建组团式、宽领域、全覆盖的结对帮扶体系、强化数字变革引领、推动山海协作向纵深发展
"26"	《浙江高质量发展建设共同富裕示范区实施方案》 《市场监管赋能山区26县跨越式高质量发展实施方案》等	农业供给侧结构性改革、提升农业现代化水平、针对性提出县域优化对策、加快构建现代农业产业体系、生产体系、经营体系
"N"	《关于进一步支持山海协作"飞地"高质量建设与发展的实施方案》 《关于加快推动山区26县旅游业高质量发展的意见》 《关于支持山区26县特色生态产业平台提升发展的指导意见》等专项支持政策	加快山区新型城镇化建设、提升县城综合能级、深化山区城乡融合发展、拓展生态产品价值转换途径

（1）《浙江省山区26县跨越式高质量发展实施方案（2021—2025年）》

山区26县"1＋2＋26＋N"政策体系的"1"个总体方案即《浙江省山区26县跨越式高质量发展实施方案（2021—2025年）》，是在7月19日召开的"山区26县跨越式高质量发展暨山海协作工程推进会"提出，聚焦特色、"一县一策"、超常规推动山区26县高质量发展共同富裕。明确总体发展目标、分层分类导向、重点任务举措和政策保障措施，聚力实施做大产业扩大税源行动和提升居民收入富民行动。

（2）《进一步加强山海协作结对帮扶工作的指导意见》《关于加强山区26县结对帮扶工作促进巩固拓展脱贫攻坚成果同乡村振兴有效衔接的指导意见》

山区26县"1＋2＋26＋N"政策体系的"2"个指导意见即《进一步加强山海协作结对帮扶工作的指导意见》《关于加强山区26县结对帮扶工作促进巩固拓展脱贫攻坚成果同乡村振兴有效衔接的指导意见》。浙江省发改委会同省农业农村厅分别牵头制定实施进一步加强山海协作、结对帮扶两个指导意见，全面动员发达市县、省级单位、省属企业、央企在浙分支机构、金融机构、省属高校参与结对帮扶工作，推动构建组团式、宽领域、全覆盖的结对帮扶体系。

（3）实施26个“一县一策”精准支持

山区26县“1＋2＋26＋N”政策体系的“26”个精准支持即《浙江高质量发展建设共同富裕示范区实施方案》《市场监管赋能山区26县跨越式高质量发展实施方案》等政策。根据山区26县具有的不同的地理区位、产业特征、资源禀赋、发展优势，26个“一县一策”精准支持每个山区县的产业发展方案和政策建议，打造每个地区的特色产业规划方案。强调要以山区跨越式发展、为全省发展注入新的更大增量。

（4）实施N个专项支持政策

山区26县“1＋2＋26＋N”政策体系的“N”个专项支持政策。按照“小切口、大牵引”的思路，聚焦产业发展、要素保障、人才支撑、基础设施、公共服务等领域，推动省级有关单位先后制定20余个支持山区26县跨越式高质量发展的专项政策，形成政策合力。政策具体内容为：

第一，加强规划引领。指导山区依托资源优势和产业发展基础，按照发展“一县一业”“一县一品”要求，编制特色优势产业发展规划，支持优化产业布局，壮大主导产业。强化省级统筹，促进县域协同发展，打造集中连片的特色产业集群（丁少平，2020）。

第二，加大资金投入。进一步加大省农业农村高质量发展专项资金、省级以上衔接推进乡村振兴补助资金、乡村振兴绩效提升奖补资金等对山区26县倾斜，山区26县安排比例达到40%以上。支持符合条件的重大项目申请省产业基金。指导推进涉农主体信用体系建设，推动农户小额普惠贷款等增加放贷规模。举办山区农商对接、农旅互动等活动，引导社会力量广泛参与（陈敏，2021）。

第三，优化智力支持。支持开展新时代乡村集成改革，推动农业农村领域试点试验。增强现代农业生物技术原始创新能力，加强山区绿色农业关键技术攻关。深入实施科技特派员制度，强化农业科技服务。实行专家服务团联系制度。统筹整合各类教育培训资源，多渠道开展农业科技教育培训（张容，2021）。

2.3 山区26县乡村振兴发展模式

在《浙江省山区26县跨越式发展实施方案（2021—2025年）》的通知中，根据综合实力、资源禀赋、发展条件、生态功能、产业基础和地理区位等因素，将山区 26 县分成跨越发展类和生态发展类两种类型，以明确目标导向。武义、平阳、永嘉等 15 个县为跨越发展类，淳安、文成、磐安等 11 个县为生态发展类，形成浙江省山区 26 县乡村振兴四类发展模式。跨越发展类可以分为科技创新飞地模式和电商特色贸易模式，生态发展类包括生态经济融合模式和城乡服务共享模式。

2.3.1 生态经济融合模式

生态经济融合模式是基于“绿水青山就是金山银山”的绿色经济的发展理念，致力于解决城乡之间发展差距不均衡、乡村地区经济发展水平相对落后、生态资源保护与合理开发措施薄弱问题的发展模式（刘保奎，2022）。该模式注重充分发掘与合理利用乡村原有的生态资源，探索乡村地区实现生态资源保护的绿色发展方向，打造和合理开发乡村生态景观，实现经济与环境的和谐共生、资源节约与环境友好、缩小城乡发展差距等目标。山区 26 县加快生态与旅游、生态与康养、生态与文化产业开发，突出融合发展。具体包括“生态＋田园康养”模式和“生态＋循环农业”模式（图 2–1），涉及淳安县、泰顺县、磐安县和云和县。

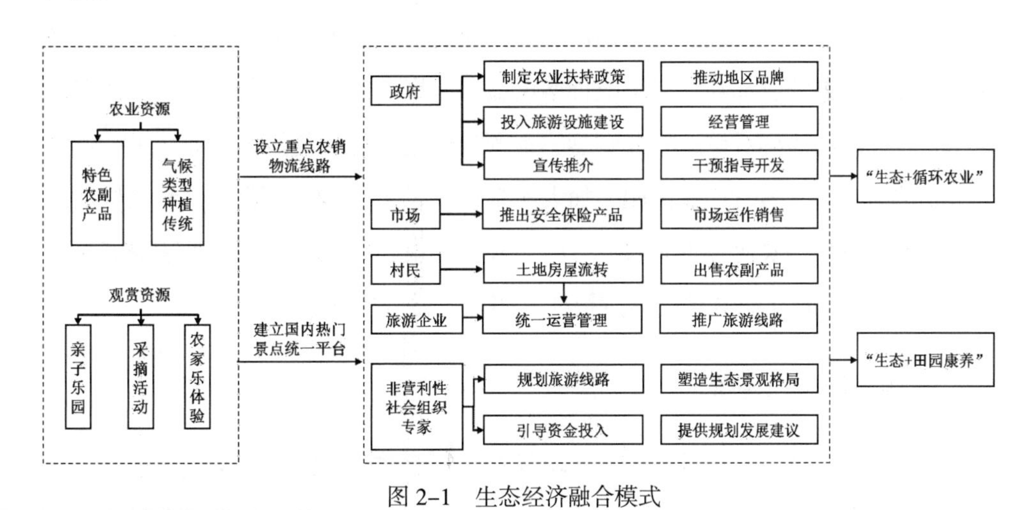

图 2–1 生态经济融合模式

（1）“生态＋田园康养”模式

“生态＋田园康养”模式注重通过挖掘乡村自身文化、生态和劳动力资源，缓解城市居民旅居生态游憩资源、养老资源的不足问题，完善城市与乡村生态互动融合的社区生活方式与商业运作模式，形成带动城乡融合、实现乡村振兴、融合乡村农业和休闲度假为一体的新路径。其主要定位是周边大城市人员“一日游”以及旅居养老（郭亮玺，2022）。

具体实践上，淳安县强调“生态保护前提下的点状开发”，千岛湖景区未来将推进未来景区改革试点，推动从观光向休闲度假转型，千岛湖还发展了凤凰度假村、天清岛度假村等旅游项目。泰顺县注重“生态旅游全域美丽”的发展策略，廊桥－氡泉将创建国家5A级旅游景区或国家级旅游度假区，成功推出多条特色旅游线路。云和县通过将云和梯田的地域特色山水文化与当代旅游相融合，结合当下科普、养生及研学等旅游发展趋势，深度挖掘梯田的内在及外延价值，实现“景区村2.0版”，提升景区城、景区镇建设水平，借助“生态＋田园康养”模式以实现城镇居民旅居养老和乡村居民就业增收，推进农业、文化、旅游的深度融合，延长产业链，也是打好精准脱贫攻坚战、实现乡村振兴战略的新路径。

（2）“生态＋循环农业”模式

“生态＋循环农业”模式是以农业绿色高质量发展为引领，立足当地优越的气候资源与种植传统，探索建立生态环保与绿色产业相融合的生态产业发展方式（郑利杰，2022）。具体实践上，磐安县、淳安县创建国家级中药材示范基地和山核桃主产区和加工集散地。科学发展生态畜牧业，通过种养有机结合和品牌建设，打造具有山区特色的生态循环农业产业集群，完善林地产权、推行现代经营模式、实施农资成本补贴、防范价格风险、完善支撑保障体系等进一步提高农业产业经营收益的应对策略。云和县、泰顺县优化布局绿色能源产业，进一步调整产业结构，提升第三产业占比，加大科学技术投入，推进农业供给侧结构性改革，大力发展绿色农业、生态农业、时尚农业，提高资源利用率，不断提高农业现代化水平，打造生态高地、养生福地，实现乡村可持续发展。

2.3.2 城乡服务共享模式

城乡服务共享模式是具有交通区位优势、特色文化资源、人文气息浓厚，承载着大城市文化功能的外溢、城镇化发展较好、缺乏产业基础的近郊乡村，在适应美丽乡村建设、城乡融合发展等一系列政策引导下的实践探索模式，推进以“共享模式”为特质的城乡公共服务均等化供给机制（沈永东，2021）。具体包括“服务＋文化价值”模式和“服务＋社会保障”模式（图2-2），涉及文成县、龙泉市、遂昌县、景宁畲族自治县和庆元县。

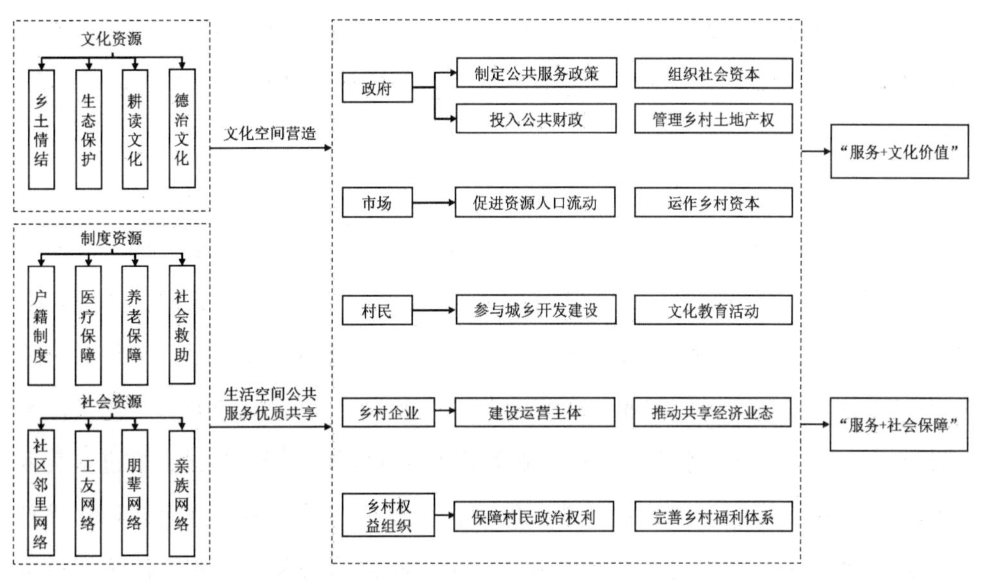

图 2–2　城乡服务共享模式

（1）“服务＋文化价值”模式

“服务＋文化教育”模式通过乡土情结、生态伦理思想、耕读文化、德治文化价值传承和“资源”的认知教育，实现村民主体下的乡村生活空间文化空间重构，破解乡村目前存在的载体消失、主体缺位、价值认同危机与话语体系残缺、城乡文化的二元对立等发展困境。

具体实践上，一是发掘乡村历史特色文化，包括龙泉住龙、庆元斋郎的红色旅游景区建设，文成刘伯温故里的历史文化保护，以及景宁畲乡“三月三”、云和梯田开犁节等民俗文化旅游节庆活动。依托独特的乡村文化禀赋和城乡共融关系，打造具有浓郁文化氛围、优美环境风貌、多元服务设施和丰富景点资源的主客共享、产城景共融的乡村空间。二是延续工匠文化，龙泉市、景宁县、遂昌县将龙泉青瓷宝剑、景宁惠明茶等历史经典产业的精工化制作。文化旅游发展中，从前期规划到后期的建设和运营，应以当地的特色文化为出发点，将特色文化融汇于乡村生产、生活、生态各个方面，真正实现产城融合。

（2）“服务＋社会保障”模式

该模式是从基础设施发展环境、生活建成环境、文化环境、制度环境提升城乡发展质量的乡村实施路径。“服务＋社会保障”模式通过美丽乡村建设，逐步增强乡村发展的各项软硬件设施，不断增强风险防控和社会保障能力，实现一体化与城镇化水平同步，完善城乡公共保障体系，促进公共服务优质共享，重点突出大病医疗保障、养老保障、社会救助的制度完善，推动城市优质医疗与教育资源向乡村扩容，逐步缩小城乡发展差距，稳步实现高质量共同富裕发展（孙豪，2022）。

具体实践上，文成县、龙泉市引入城市现代文化的教育培训，组织成立了农民学校，定期开展产业政策、服务标准与工作要求等知识技能培训（关庆华，2022），通过乡村基础教育、职业教育、成人教育等形式提升乡村居民的综合素质，成立创业就业工作服务站，为有需求的农民提供创业咨询、就业指导、贷款抵押等服务，提高农民的农业技能和就业创业能力（关庆华，2022）。龙泉市开展水土流失综合治理、水生态保护与修复、主要江河滨水绿道建设，推进水美乡镇建设，加快推进灌区现代化改造，保障粮食安全。景宁畲族自治县和文成县通过现代乡贤和文化农民为主体的社区营造，将惠明茶和青钱柳等传统特色资源和钟姓畲族历史文化资源发展为地区品牌，形成乡村力量与制度保障的良性互动。

2.3.3 科技创新飞地模式

科技创新飞地模式是乡村围绕自身区位、产业等特点，按照“一县一方案”的要求，实现科技赋能的实践探索。共同富裕下的乡村产业振兴是创新引领的三产融合发展，充分借助新基建和数字乡村建设的契机，运用数字经济带动传统产业的数字化转型，撬动各类发展资源，延长产业链，凸显集群成链，发展乡村全产业链模式，推进“科创飞地”“产业飞地”建设，积极对接沪、杭、甬等都市圈，加强与长三角城市在产业、平台、市场等领域的深度合作，形成借海跃升新格局（严晓青，2022）。具体包括“科创＋产业引进”模式和“科创＋”模式（图 2–3），涉及天台县、柯城区、三门县、缙云县、青田县、松阳县和龙游县。

（1）“科创＋产业引进”模式

浙江省乡村依托大湾区新区、省级高能级战略平台等产业平台，布局以新一代信息技术、生物科技、绿色低碳、数字创意为代表的战略性新兴产业和探索先进制造业为主的“产业飞地”的发展模式，以数字经济、三大科创高地、大湾区建设、“415”先进制造业集群体系等持续推进经济高质量发展。

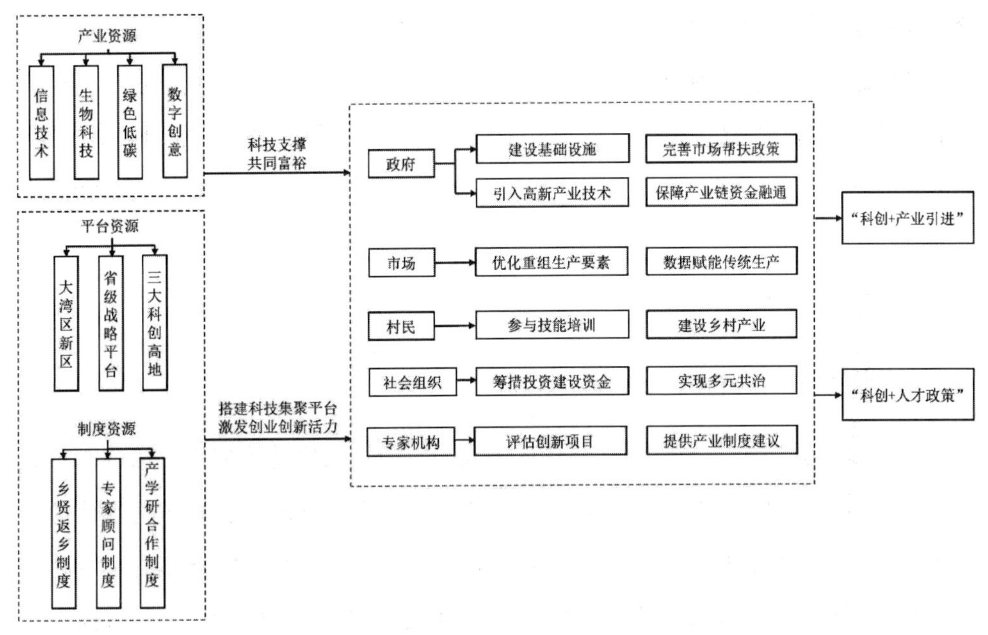

图 2–3　科技创新飞地模式

具体实践上，龙游县坚持“科技龙游，创新强县”首位战略，以省级创新型县建设为引领，加快建设高能级创新载体，吸引集聚高端创新资源，与宁波镇海、杭州钱塘区共建镇海—龙游等科创飞地，注重先进装备制造、特种纸深加工等重点产业发展，从引进龙头企业向建链补链延伸，加快上下游配套项目招引布局。积极探索科技赋能山区县高质量发展的路径，努力实现共同富裕。天台县打造苍山产业集聚区建设，形成一批龙头企业。缙云县目前累计争取省级以上创新平台 12 家，基本完成创新研发、公共服务、创业孵化、科技金融、技术交易五大平台建设，引进了多家高校院所技术转移转化中心，实现科技创新下的乡村振兴高质量发展。

（2）“科创＋人才政策”模式

“科创＋人才政策”模式是推动形成科技创新发展的基础和重要动力，应当构建以外部引入的高端专业人才，以技术性农民为主体的乡村人才体系。完善乡村人才的组织保障和多形式的引才制度，形成政府职能部门协同、上下联动的组织体系和健全供给侧的五类主要乡村人才和需求侧的服务需求这两类信息资源的汇聚和对接机制（孙泽南，2022）；引才制度方面，建立乡贤返乡制度、专家顾问制度、建立产学研合作制度等，引入专业人才指导乡村创业活动。

具体实践上，松阳县不断加强科技创新人才队伍建设，设立《松阳县科技创新突出贡献奖》《农业科技成果转化推广奖》等人才激励机制。青田县高度重视科技进步与创新工作，加大财政科技投入力度，率先实行市级以上科技特派员担任乡镇副职制度、终身科技特派员制度、省市级科技特派员享受高层次人才政府岗位津贴制度，激励引导科技特派员在青田开展科技创新创业活动，实现了省市科技特派员在全县32个乡镇（街道）全覆盖。青田县着力营造学科学、用科技、科技致富的良好氛围和社会环境，推进了青田县农业科技进步、乡村振兴发展进程。

2.3.4 电商特色贸易模式

随着大数据、5G、物联网、云计算、人工智能、区块链等现代数字技术的更新迭代，电商特色贸易模式是具有良好农业制造业产业基础的乡村将信息技术运用于生产实践的乡村振兴发展模式。该模式以网络通讯和物流体系作为乡村产品流通的重要媒介，丰富了乡村的物质基础，促进了乡村产业的兴旺和乡村经济、社会的转型升级。

乡村振兴以乡村产业转型升级为关键支撑，要求引入现代化新要素提升乡村的经济效益。具体包括“电商＋农业销售”模式和“电商＋特色制造”模式（图2–4），涉及永嘉县、苍南县、平阳县、武义县、仙居县、莲都区、衢江区、江山市。

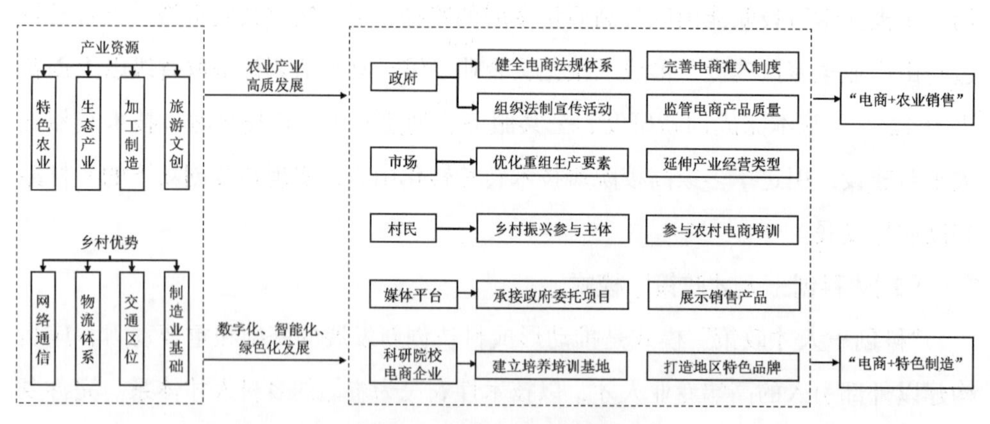

图2–4 电商特色贸易模式

（1）“电商＋农业销售”模式

该模式引导龙头企业、农批市场、电商企业、大型超市等采取“农户（基地）＋合作社＋企业＋市场”模式，在乡村建立生产、加工、物流基地。打造一批消费帮扶综合体和特色街区，拓宽山区农产品销售渠道。实施“新云采消费助农计划”，按需求订单制定供给规模，打通山区 26 县特产直供、当季新鲜食物等高品质农产品进城渠道。

具体实践上，永嘉县通过推动浙南农产品电商交易中心建设项目，致力于打造北部山区辐射浙南的农产品电商交易中心，永嘉全县招商引进乡村淘宝、村邮乐购等一批电商平台落户乡村实体市场，不断带动全县电商农业发展，另一方面凭借集体收益分红壮大村集体经济，实现村庄村民共同增收致富。苍南县高度重视乡村电商发展，积极建设高水平县域电商工程，让乡村电商成为乡村振兴、农民增收、农业现代化的新引擎和重要载体。同时，苍南县打造“苍农一品”区域公用品牌，推动苍南特色农产品走向全国市场。

（2）“电商＋特色制造”模式

“电商＋特色制造”模式围绕做强“一县一业”的发展导向，通过对山区传统制造业进行改造升级，支持山区 26 县向海借势共建新发展格局重要节点，支持山区优质农林产品和工业制造品通过义乌进入海外市场。

具体实践上，武义县结合本地产业特色，培育五金制品等制造业跨境电商，深入推进乡村电商发展。武义县同时加快海外营销布局。加快发展“海外仓”模式，鼓励企业建设境外零售终端和海外仓，进一步提高通关效率，缩短营销环节，改善配送效率，更好地开展境外业务。莲都区通过公开招标引进浙江国贸数字科技有限公司的“麒麟计划”落地莲都科创中心，赋能跨境电商发展，不断推动传统外贸转型发展，促进产业能级提升。

参考文献

[1] 陈敏．浙江省金融支持乡村振兴战略的探索与实践［J］．当代农村财经，2021（06）：61-64．

[2] 丁少平，陶伦，吴晶晶．以三产融合、示范引领为导向的乡镇单元产业振兴建设研究——基于浙江省温州市乡村振兴示范带的规划、调研实践［J］．农业科学研究，2020，41（02）：71-76．

[3] 关庆华，吴晓燕．牵引式治理：乡村振兴背景下产业发展与农民主体性［J］．华南农业大学学报（社会科学版），2022，21（03）：49-58．

[4] 郭亮玺，胡豹．浙江省政策性农业保险机制创新回顾与改革对策研究［J］．浙江农业学报，2022，34（05）：1081-1090．

[5] 黄祖辉，傅琳琳．浙江高质量发展建设共同富裕示范区的实践探索与模式解析［J］．改革，2022（05）：21-33．

[6] 李荣生，徐丽芳．浙江省实施乡村振兴战略实践经验调研报告［J］．农村经济与科技，2020，31（15）：264-265．

[7] 刘保奎，郭叶波，张舰，等．长三角地区服务引领新发展格局的战略重点［J］．宏观经济管理，2022（02）：21-28．

[8] 马仁锋，金邑霞，赵一然．乡村振兴规律的浙江探索［J］．华东经济管理，2018，32（12）：13-19．

[9] 沈晨曦，陈双生．新时代背景下浙江市镇的乡村振兴及农业现代化探讨［J］．农村经济与科技，2022，33（05）：136-139．

[10] 沈永东．社会组织推动城乡区域协调的体制机制与政策支撑——基于浙江共同富裕示范区建设经验［J］．探索与争鸣，2021（11）：27-29， 177．

[11] 史林，胡继妹．以习近平生态文明思想引领新时代乡村振兴的若干思考——以浙江省为例［J］．福建省社会主义学院学报，2019（05）：27-34．

[12] 孙豪，曹肖烨．收入分配制度协调与促进共同富裕路径［J］．数量经济技术经济研究，2022，39（04）：3-24．

[13] 孙泽南，庄晋财．乡村创业驱动国内大循环：理论逻辑、现实制约与对策措施［J］．人文杂志，2022（04）：58-68．

[14] 王荣德，牛犇，钱晨绯，等．沿海发达地区实施乡村振兴战略的路径研究——基于浙江省湖州市的调查分析［J］．湖州师范学院学报，2020，42（01）：1-7．

[15] 夏小菲．“两山”理念视域下乡村振兴“遂昌模式”探究［J］．中国集体经济，2020（29）：5-6．

[16] 严晓青，田彬．共同富裕背景下媒体参与社会治理的路径选择［J］．中国广播电视学刊，2022（03）：44-47．

[17] 叶敬忠，徐勇，张文宏，等．多学科视角的乡村振兴与共同富裕——第一届“开化论坛”主旨发言要点摘编［J］．中国农业大学学报（社会科学版），2022，39（01）：5-29．

[18] 张容，张现洪．乡村振兴背景下思想政治教育提升农民获得感研究——基于浙江省若干县区的实证考察［J］．湖北理工学院学报（人文社会科学版），2021，38（04）：63-70．

[19] 郑利杰，王波，朱振肖，等．乡村生态振兴实践探索——以湖北长江三峡地区为例［J］．环境保护，2022，50（08）：64-67．

第3章　市级层面乡村振兴实践

3.1　发展理念

市级层面乡村振兴实践关键在于统筹城乡关系为导向的城镇化路径。在城乡二元结构背景下，乡村城镇化是缩小城乡差距，实现城乡协调发展的基本策略。市级层面应当建立健全城乡融合发展的体制机制，加快构建现代农业产业、生产、经营等不同体系，推进绿色兴农、品牌强农、特产富农，坚持农业高质高效、产业融合发展、乡村宜居宜业的发展理念，通过新型城镇化引领乡村振兴发展，实现市级层面城乡协调共荣（刘华芹，2019）。

3.1.1　坚持农业高质高效的发展理念

深入推进农业供给侧结构性改革，围绕区位优势和资源特色，优化农业种植结构与农产品质量安全监管体系，将省级平台与长三角一体化监管平台、国家追溯平台实现对接（慈溪新闻网，2020），提升农产品供给质量效率。将科技服务水平及创新能力建设提升，加快农业科研成果的转化。深入实施新型职业农民培育工程，提高农民职业化素质和农业经营主体的经营能力。向上争取国家农机购置补贴项目资金，带动农民投资，加快推进农业机械化。

3.1.2　坚持产业融合发展的发展理念

坚持市场导向、因地制宜，将乡村产业生产力布局、现代种养殖业等不同产业进行优化安排，编制乡村高质量发展规划。合理确定农产加工、仓储集散、销售批发、快递物流、电商服务等不同功能定位发展路径，从提供物质产品向精神产品、有形产品向无形产品拓展。优化整合产业发展平台，打造“一区（县）一业”“一镇（村）一品”升级版，加快推进乡村一二三产业融合发展（慈溪新闻网，2020）。

3.1.3 坚持乡村宜居宜业的发展理念

合理规划区域农田连片发展，建设用地合理集聚，形成高效节约的空间新格局。实施农业产业领军人才培养行动计划，推动人才科技返乡入乡，支持“两进两回”，充分调动青年、乡贤力量，组织优势产业、专有品牌，建设龙头企业以及农业科技园区、重点农业企业研究院等实训基地，帮助推进乡村振兴战略实施，优化乡村人居环境与发展空间。

3.2 市级层面乡村振兴政策解读

共同富裕是社会主义的本质要求，实现共同富裕，乡村振兴是必经之路。由前文我们可知，浙江省作为习近平总书记新时代“三农”思想的重要萌发地、中国美丽乡村建设的重要发源地以及我国唯一省部共建乡村振兴示范省，十分重视提高城乡统筹水平，形成全省一盘棋、各市一规划、各地区相协同的乡村振兴战略实施总方针。就市级层面而言，浙江省着手于产业振兴、人才振兴、生态振兴、文化振兴和组织振兴五个方面：

（1）产业振兴政策

产业兴旺作为乡村振兴的关键，也是实现共同富裕的前提。浙江省注重共同富裕的理论探索与实践，产业振兴可概括为产业高质量发展及数字经济融合两方面（表3-1）。

产业振兴政策解读　　表3-1

政策名称	具体内容	市域
《杭州市高质量推进乡村产业振兴行动计划（2018—2022年）》	新型农业经营主体培育；产业振兴工程	杭州市
《高质量推进乡村产业振兴行动计划（2019—2022年）》	农业设施用地和建设用地问题	杭州市
《2020年杭州市“三农”（乡村振兴）工作要点》	“双强行动”，“非粮化”整治	杭州市
《宁波市“4566”乡村产业发展“十四五”规划》	创新主体、农业高新技术产业、科技创新及成果转化	宁波市
《关于坚持农业农村优先发展高质量推进乡村振兴的实施方案》	农业农村优先发展、土地流转，产业转型	宁波市
《2020年杭州数字乡村试点示范市实施方案》	乡村产业、行业监管、产品流通等数字化水平	杭州市

续表

政策名称	具体内容	市域
《衢州市政府数字化转型行动计划（2018—2022）》	数字化平台	衢州市
《杭州市未来乡村建设指南》	“乡村经营”	杭州市
《关于开展未来乡村建设的实施意见》	数字化产业经济	温州市

产业高质量发展方面：杭州市在2018年突出壮大新型农业经营主体，“16666”工程走出“杭州经验”。针对“三农”工作中农业生产高质高效扎实推进科技强农、机械强农“双强行动”，稳妥推动“非粮化”整治，新建高标准农田13.44万亩（新农村，2022）。宁波市“十四五”规划强调创新主体、培育农业高新技术产业、加强科技创新及成果转化作为主攻方向予以系统部署（田佳琦，2022）。

数字经济融合方面：杭州市着力提升乡村产业、行业监管等数字化水平；宁波市深化“最多跑一次”改革、数字建设开发面向农业，推进数字化决策与服务能力的乡村治理现代化；衢州市加强产业经济体监测，打造集分析、预测等一体的经济运行监测分析数字化平台（衢州市人民政府办公室，2018）。另外，未来乡村更是乡村建设迭代升级的新体现。2022年1月，杭州市率先提出创新“乡村经营”理念，因地制宜发展农村新经营主体、新业态、新品牌；宁波市注重新社区集成“美丽乡村＋数字乡村＋共富乡村＋人文乡村＋善治乡村”建设，打造现代化都市风貌乡村新社区（宁波市人民政府，2022）。温州市在2021年打造绿色发展的美丽产业，展现经济美。

（2）人才振兴政策

乡村振兴，人才是关键。浙江省各市针对“懂农业、爱农村、爱农民”乡村振兴人才队伍的培养，出台了一系列政策以促进人才振兴（表3-2）。如杭州市2018年实施“乡贤回归”工程，强化乡村振兴人才支撑，形成带头雁阵。随后锚定共同富裕跑道，以浙江和杭州的先行探索，为全国乡村人才振兴示范探路（浙江政府网，2021）。宁波市在2019年提出抓好生产经营型、专业技能型和社会服务型高素质农民培训，培养万人以上的爱农业、懂技术、善经营的高素质农民队伍；“泛3315计划”“领头雁工程”等的实施，旨在发挥农业领军人才、农业科技人才的作用。湖州市将人才赋能乡村振兴，重视“五英人才”，培育打造产业发展的领军人才、服务乡村的专业精英、双创带动的乡村创客、乡村治理的能人乡贤、各行各业的工匠能手。同时创新改革“五大机制”，全面落实“七项激励”

以及“南太湖特支计划”乡村振兴领军人才60名左右，构建形成全方位、多层次乡村人才体系。

人才振兴政策解读　　表3-2

政策名称	具体内容	市域
《关于推进乡村振兴战略的实施意见》	人才队伍带头雁阵，实施“乡贤回归”工程	杭州市
《乡村人才振兴促进共同富裕杭州倡议》	人才数字化转型、校地合作创新等	杭州市
《关于进一步加强村党组织书记队伍建设的意见》	“一村一名大学生”计划	杭州市
《宁波市乡村振兴人才发展规划（2019—2022年）》	万人以上高素质农民队伍；“泛3315计划”“领头雁工程”	宁波市
《关于实施新时代人才强市战略服务湖州高质量赶超发展的意见》	人才赋能乡村振兴指导	湖州市
《关于推进乡村人才振兴的实施意见》	“五英人才”“五大机制”“七项激励”以及“南太湖特支计划”	湖州市

（3）生态振兴政策

生态环境是乡村发展的重要基础，生态功能强化可推动乡村生态振兴，促进乡村的绿色生态和谐发展（李繁荣，2021）（表3-3）。

生态振兴政策解读　　表3-3

政策名称	具体内容	市域
《“百村示范、千村整治”工程的实施意见》	布局优化、道路硬化、村庄绿化、绿灯亮化、卫生洁化、河道净化	杭州市
安吉县考察提出“绿水青山就是金山银山”理论；《关于加快推进生态文明建设的意见》	“坚持绿水青山就是金山银山”写进中央文件指导乡村建设	杭州市
《杭州市社会主义新农村建设规划》	老城区村庄综合整治、发展循环农业，资源利用率、农村卫生体系、文明风尚	杭州市
《美丽乡村建设实施意见》	村貌协调、村容整洁、环境生活、村风文明	杭州市
《中共宁波市委办公厅宁波市人民政府办公厅关于高水平建设新时代美丽乡村的实施意见》	基础功能（农村公厕）、人居环境整治提升、管理服务和省级星级厕所创建	宁波市
《绍兴市生态环境保护“十四五”规划》	农业农村污染防治	绍兴市
《湖州市农业农村现代化“十四五”规划》	注重生态产品产业化	湖州市

自2003年，杭州就启动“百村示范、千村改造”工程、“十万”项目，均促进乡村绿色、循环、低碳发展。“两山”理论的提出更是为生态文明建设奠定基础。2006年提出积极推广农村沼气、太阳能等清洁能源、加强农村水环境治理以

及林业生态建设，健全农村卫生体系、提高文明风尚。随后注重村内外立面美化工程，发展乡村特色生态旅游业等，注重城乡融合，形成一条以乡村美带动乡村兴的共同富裕之路。宁波市在 2021 年打通宁波“两山”转化新通道，遵循布局合理、整洁卫生等原则，重在从公共厕所全面提升农村人居环境品质。绍兴市在“十三五”的基础上愈加注重农业农村污染防治工作。2021 年湖州市“十四五”旨在基本构建形成高效生态现代乡村产业新体系，通过加快形成生态产品产业化的增值机制，促进形成全域标杆美丽乡村新格局、共同富裕农民生活新家园。

（4）文化振兴政策

乡村文化作为凝聚人心、助推乡村全面振兴的核心要素，有利于凝集乡村内部合力、凝聚乡村对外的通道，是国家进行乡村建设实现发展目标的有效渠道（徐达，2022）（表 3–4）。

文化振兴政策解读　　**表 3–4**

政策名称	具体内容	市域
《杭州市农业发展“十四五”规划》	生态文化、农耕文化、山水文化	杭州市
《杭州高质量促进农民农村共同富裕行动计划（2021—2025 年）》	“七大行动”“乡村记忆”“三大革命”、古建筑保护和乡愁文化的传承	杭州市
“乡村振兴 6 ＋ X 实施计划”	文旅投资、项目、产品、业态、客源、运营以及 X 种拓展合作方式	杭州市
《宁波市文化产业发展“十四五”规划》	文化产业规模、发展能级、特色平台、“三产三生”“4566”乡村产业振兴	宁波市
《绍兴市文化和旅游“十四五”规划》	文旅模式创新，“文化发展高地”“城市文态”，乡村博物馆、艺术村、手工体验馆等业态融合	绍兴市

杭州市文化产业规模位居全省第一，2021“十四五”规划继续重视补齐“四化短板”，重视文化发展战略，充分发挥生态文化、农耕文化、山水文化的核心价值（杭州市农业农村局，2021）。农民农村共同富裕行动计划按照“文化赋能”要求，深入实施“七大行动”“乡村记忆”“三大革命”工程，讲好农耕故事，发挥文化乡村富裕赋能作用，打造乡村共同富裕美好社会。2021 年“6 ＋ X”实施计划以文化注入乡村旅游特色产业，通过引进投资、项目、产品等 X 种拓展合作的方式，以文化带动乡村发展，促进共同富裕。宁波市“十四五”规划重在提升文化产业规模、发展能级等，形成特色平台，高质量推进“4566”乡村产业振兴，建设新时代“都市乡村、田园城市”，重点在产业链及价值的打造。绍兴市“十四五”规划重在文旅模式创新，培育 100 个文旅融合主题景区和 100 个乡村

文旅融合示范村，建成新时代“文化发展高地”和高品质“城市文态”，注重挖掘市区内部的文化遗存。

（5）组织振兴政策

组织振兴是根本保证，作为乡村振兴“第一工程”，夯实基层基础有利于形成良好的领导核心，进而为产业、人才、生态、文化等方面提供有力保障，共创富裕之道（表3–5）。

组织振兴政策解读　　表3–5

政策名称	具体内容	市域
《杭州市乡村振兴工作手册》	“基层治理四平台”和全科网格	杭州市
《杭州市农业发展“十四五”规划》	法治建设、“三项制度”	杭州市
《2021年杭州市实施乡村振兴战略实绩考核细则》	组织监督	杭州市
《十三五》规划	“头雁工程”“书记兼任经合社社长”“书记主任一肩挑”	杭州市
《十四五》规划	“互联网＋党建”“领头雁”“雏鹰成长”	杭州市
《宁波市农业农村局关于印发宁波市新时代美丽乡村分类创建实施方案的通知》	“所长制”管理机制、“一牌一本”	宁波市
《宁波市新时代美丽乡村建设实施方案》	“大专项＋任务清单”资金管理	宁波市
《中共宁波市委办公厅宁波市人民政府办公厅关于高水平建设新时代美丽乡村的实施意见》	艺术赋能	宁波市
《湖州市乡村振兴战略规划（2018—2022年）》	“善治乡村”、百名“兴村治社名师”	湖州市

杭州市重在创新基层治理，深化“基层治理四平台”和全科网格建设，加强农村基层党组织建设。“十四五”规划提出加强农业农村法治建设，严格落实行政执法“三项制度”，加强村内执法普法，形成法制保障。重视“互联网＋党建”，提供互联网共享平台，优化基层日常管理，并推进“领头雁”和“雏鹰成长”工程，发挥党组织的引领作用。“十三五”规划期间“头雁工程”的深入使得村级党组织具有高保障的治理能力。宁波市针对农村公厕建立“所长制”管理机制，“一牌一本”运维、物业管理机构等建立均有利于乡村的组织建设。另外资金方面通过实行“大专项＋任务清单”的管理方式，提升村内管理服务。2018年湖州市组织振兴方面提出打造新时代“善治乡村”，百名“兴村治社名师”作为村党组织。

综上，浙江省各市均围绕《浙江省乡村振兴战略规划（2018—2022年）》《高质量创建乡村振兴示范省推进共同富裕示范区建设行动方案（2021—2025年）》

等政策下总抓“三农”工作，从产业振兴、人才振兴、生态振兴、文化振兴和组织振兴五个方面营造“乡村美、农民富、百业兴、人文和、组织强、活力足”的美丽乡村。

3.3 市级层面乡村振兴发展模式

3.3.1 乡村生态型发展模式

乡村生态型模式主要是依托乡村现有的自然基底，具有自然条件优越，水资源和森林资源丰富等特点，传统的田园风光和乡村特色保留完好，生态环境质量高、优势明显，适宜发展生态旅游产业，促进生态环境优势变为经济优势的乡村发展模式（图 3–1）。

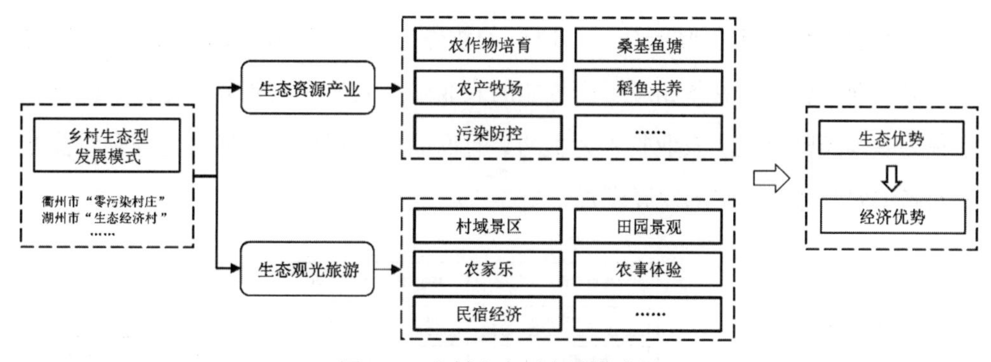

图 3–1 乡村生态型发展模式图

一方面，将村内特有农作物进行高质量培育，生态自然与产业的结合形成特色品牌。同时避免生活废弃物堆放而引起环境污染问题，以此构建健康可持续发展的农村建设模式（王琼，2022）。另一方面，充分利用美丽乡村建成成果，促进美丽经济的发展，拓宽经济发展渠道。村民充分利用现有农村庭院、果园等田园景观形成田园综合体等旅游形式，吸引游客。并提供以农牧业体验为特色的观光、娱乐、运动、住宿、餐饮、农事体验等服务，把绿水青山变成“金山银山”，形成村民创收。此外，浙江省各市十分重视乡村生态文明建设，乡村发展围绕生态要素发挥效能。例如衢州市创建“零污染村庄”，通过创新型农村环境治理模式，染预防控制、资源循环利用、清洁能源推广、环境教育传播、环保公众参与五个方面，打造乡村振兴样板村。湖州市作为“两山理论”发源地，政策引领下愈加重视生态资源的有效利用。构建“一带、两片、四轴、多点”的乡村振兴总体空间格局（图 3–2）。

图 3–2　乡村生态发展实践图

3. 3. 2　家庭农场型发展模式

家庭农场型模式主要依托村内原有的耕作方式，坚持以农业生产经营为主业，以长期、稳定，具备相应生产技能的农业生产人员为主要劳动力，是以农户家庭为基本经营单位、农业收入为主的具有商品化、规模化、集约化等多经营方式的新型农业经营主体的发展模式（图 3–3）。

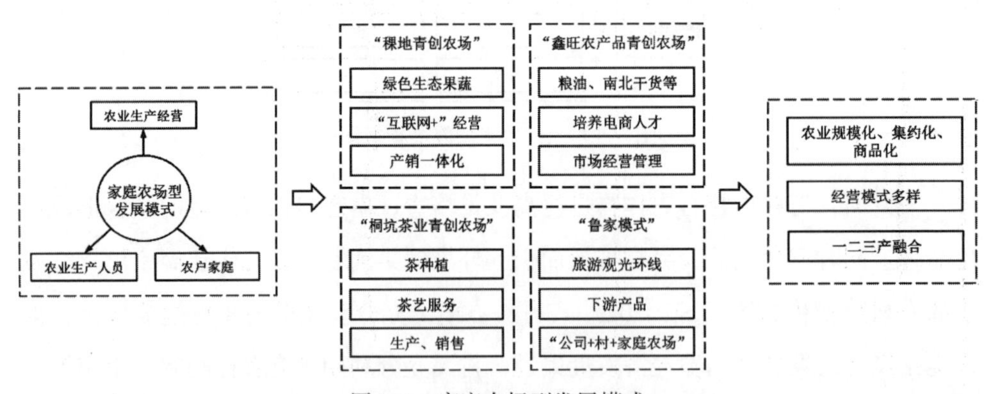

图 3–3　家庭农场型发展模式

通过将村内农产品进行专业化的、有组织的分级、分类、定品，充分拉动农村经济发展。尤其是在投资型家庭农场中，不仅拓宽了农村就业渠道、调动农民积极性，同时也推动了农村产业结构优化。就家庭农产的经营模式来看，经营模式可概括为“粮食生产型”“家庭农场＋合作社”“家庭农场＋龙头企业”“家庭农场＋市场”“家庭农场＋合作社＋龙头企业”五种类型（俞博，2019）。

2013 年，浙江省提出“家庭农场”，随后便快速发展、数量剧增。如台州市重视培育新型经营主体，已建设示范性家庭农场 200 家（图 3–4）。湖州市家庭农场发展不仅重视农业生产，同时将第三产业作为现代农业开发的另一种形式，通过观光旅游、生态采摘等产业，丰富家庭农场模式，创新休闲农业和乡村旅游。例如，“公司＋村＋家庭农场”的“鲁家模式”利用现有宅基地、集体建设用地，通过土地流转，将土地资源变资本，吸引外来企业工商资金进驻乡村，形成以特定吸引物为核心的主题开发（图 3–4）。

图 3–4　家庭农场发展实践图

3.3.3　数字创新型发展模式

数字创新型发展模式以“数字”助推乡村振兴，与电商、农旅等相融合，通过数字智慧生产、乡村智治、数字链上增值等，补齐农业短板，降低数字化建设成本，创新原有农业经济，提高乡村竞争力，破除乡村公共服务制度隔离型碎片化、资源匮乏型碎片化和竞争型碎片化等历史积弊，提高乡村治理绩效（王鹭，2022）。数字创新性发展模式存在着巨大优势，可以有效实现数字乡村的产业经济繁荣发展并为乡村振兴提供动力（图 3–5）。

杭州市作为全省数字乡村示范市，通过数字赋能产业发展、美丽乡村建设、行业监督管理以及“四治”融合，高标准推进数字乡村建设。从治理角度看，杭州市通过创建“乡村小脑”市级统筹管理平台，搭建便民惠民服务平台，“数智联盟”“数智超市”等村内功能进行升级（杭州网，2021）。此外，从乡村实践角度看，依据“共同富裕＋数字乡村＋低碳发展”理念创建农业园区、智慧医疗站、智慧公交等，以数字化促进产村融合创新发展，实现线上治理，加快数字农业与旅游业发展。另外，平湖市同样构建数字乡村大脑，形成“1 ＋ 1 ＋ N”的构架，囊括管理、营销、监管、服务和治理五大领域数字乡村的建设均体现了信息进村、技术进村的数字化多元业态，促进乡村产业发展。

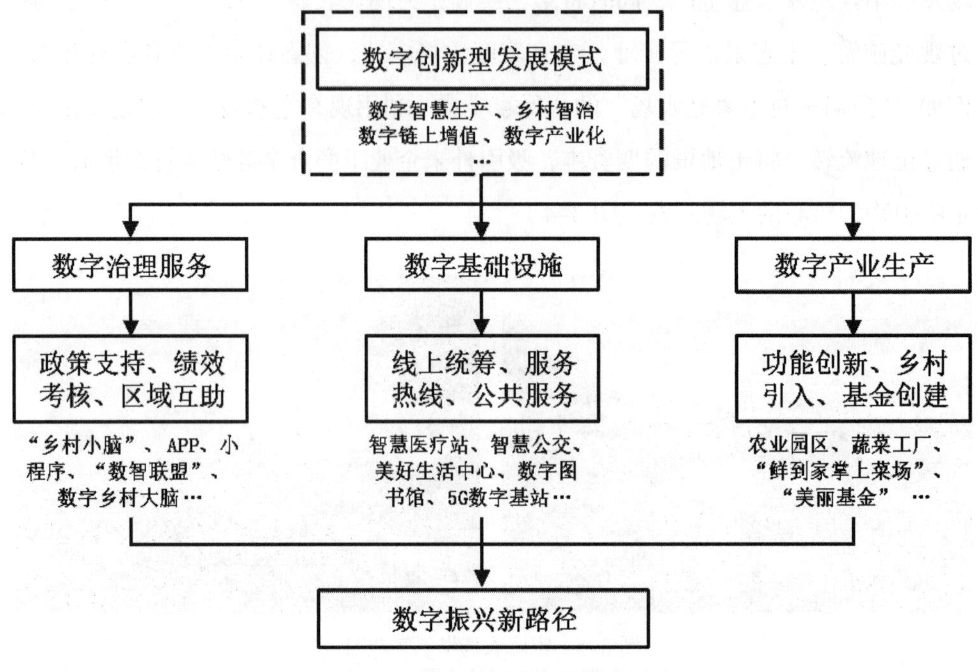

图 3–5　数字创新型发展模式图

3.3.4　品牌创建型发展模式

品牌创建型发展模式重点在于品牌的特色营造以推动乡村振兴。对于促进农产品贸易、供需循环发展，健全农业全产业链，推动农业高质量发展具有重要意义。因此，品牌创建型发展模式通过分析城市成长要素、破解城市成功密码、重组城市品牌竞争、植入城市运营体系，并将品牌与各区县乡村进行融合，最终形成拥有城市 DNA 的乡村发展模式（图 3–6）。

其中，衢州市打造独具个性的“南孔圣地 • 衢州有礼”城市品牌，将各县域品牌实现一体设计、一体策划、一体传播，通过强大合力实现区域公用品牌“三衢味”的资源共享（衢州市农业农村局，2020）。同时“三衢味”也成了浙江省振兴乡村产业的标志品牌，现已授权覆盖粮油、瓜果蔬菜、畜禽等九大优势特色产业通过“三衢味”的聚合作用，能在较短时间内实现农产品溢价销售（吴启富，2022）。另外，“品牌公司＋农合联＋农业主体”的农产品产销服务体系，创新农业业态新模式，共创富裕乡村。

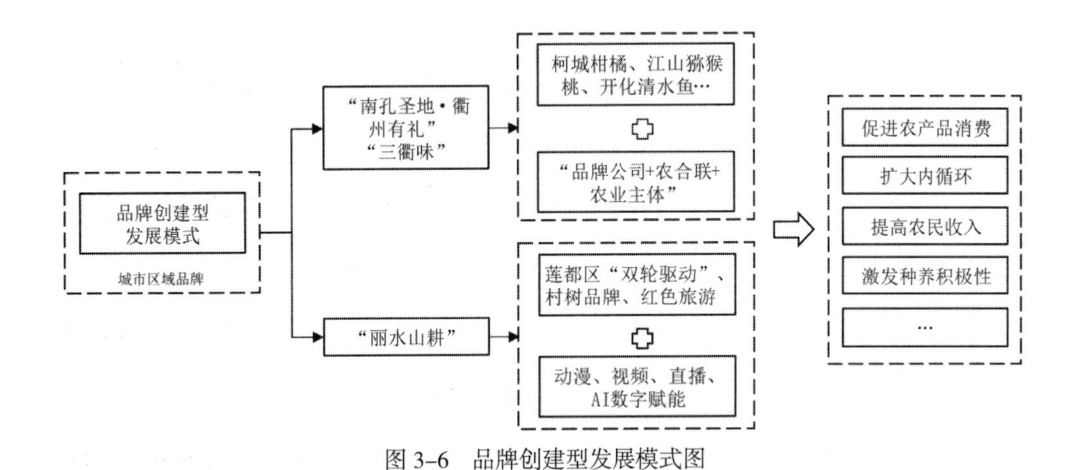

图 3-6　品牌创建型发展模式图

此外数字与品牌的"双化互动"通过品牌溢价赋能数字乡村，从生产环境、生产管理到市场营销，不仅可以通过大数据确保品牌质量，还能对市场营销产生积极影响。通过"双化互动"可通过动漫、视频、AI 等各种数字化技术，形象地展示生产管理、品牌营销等各环节，真正做到"品效合一"。"丽水山耕"则是丽水市于 2014 年推出的全国首个覆盖全产业、全品类和全产业链的农产品区域公用品牌。数字品牌的"双轮驱动"为农业和农户沉淀产品展销用等数据，进而作用于供应链的改造升级。在品牌运营方面建立全市农业主体信息库，由各县（市、区）农业局推荐，对其环境、土质、水源进行检测后，确定合作基地。

3.3.5　文化融合型发展模式

文化融合型发展模式是一种以村内现有文化作为发展根基，挖掘乡土故事、串联村内艺术、打造品牌战略、建立新型集市等方式，实现产业、特色、艺术、乡愁、活力等"多位一体"的新乡村建设发展模式（徐达，2022）（图 3-7）。

将休闲田园结合村内现有观光农业与农业生产方式，通过农业种植、农产品采集等活动让游客体验当地民俗风情文化；与特色农产品的融合可进行形态营造、沉浸式就餐体验等，实现流动式文化互动；此外，村内通过彩绘、构件等统一的建设风貌也可进行村内文化传播。因此，乡村文化产业发展应通过乡村自身自然资源禀赋的挖掘，寻找文化产业区域性和乡村文化的契合点，拉长文化产业链，形成新型文化业态（郑芳，2019），通过政府加强组织领导、培养乡村紧缺专业人才、突出乡村文化品牌、加强网络宣传规范治理等基本路径促进乡村振兴，实现共同富裕（李丽丽，2022）。

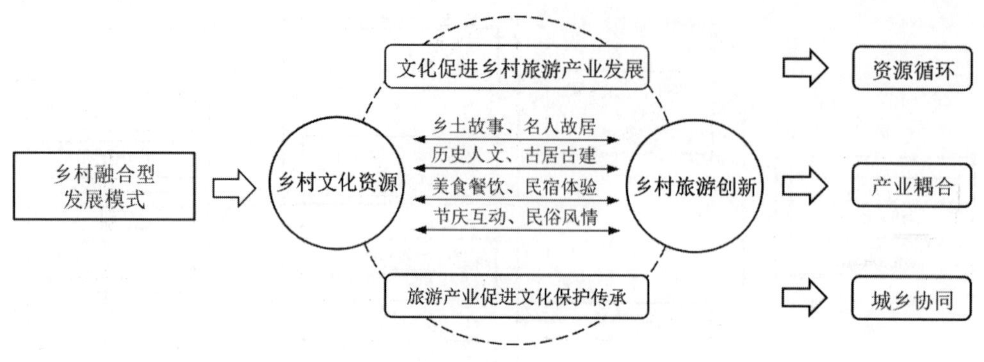

图 3-7　文化融合型发展模式图

浙江省各市的乡村发展注重个性化、差异化、特色化改造，力争做到“一村一产、一村一景、一村一韵”，将村落文化、村落故事、村落民俗进行传播。例如，杭州市通过礼义传家、非遗传承、红色记忆等七个方面挖掘历史文化名镇名村的文化资源，做到文化引领乡村发展。绍兴市创建古越、唐诗、书法等文化品牌，构建“一廊三带”实现全域文态格局助力乡村振兴。衢州市通过“一屏”展全貌、“一键”全调度、“一脑”知全村的智慧党建系统将村内红色文化通过数字化方式进行传播；诸暨市“枫桥网络”以新技术、新形式赋能革命老区，促使乡村红色文化的传播；湖州市则将周敦颐族居的“莲”作为文化发展依托，大力发展莲产业、传承莲文化。

参考文献

[1] 杭州市农业农村局．关于印发《杭州市农业发展“十四五”规划》的通知［EB/OL］.（2021-10-08）［2022-6-10］.

[2] 杭州市全力打造共同富裕示范区的乡村振兴样板［J］. 新农村，2022（01）：2，57-58.

[3] 杭州网．杭州深化数字赋能助力乡村振兴治理服务并举推动共同富裕［EB/OL］.（2021-09-09）［2022-6-10］.

[4] 李繁荣．中国乡村振兴与乡村功能优化转型［J］. 地理科学，2021，41（12）：2158-2167.

[5] 李丽丽．“互联网＋”背景下河北省乡村文化振兴模式与实施路径［J］. 农村经济与科技，2022，33（02）：229-232.

[6] 刘华芹．类型学视角：城镇化进程中的农村社区分化和乡村振兴重点［J］. 河北学刊，2019，39（01）：167-173.

[7] 宁波市人民政府. 我市着力打造上百个未来乡村新社区[EB/OL].(2022-06-09)[2022-6-10].

[8] 衢州市农业农村局. 当城市品牌与乡村品牌相遇——看"衢州有礼"如何协同"三衢味"[EB/OL].(2020-10-30)[2022-6-10].

[9] 衢州市人民政府办公室. 关于印发衢州市政府数字化转型行动计划(2018—2022)的通知[Z]. 2018-07-16.

[10] 田佳琦,周向阳,刘易作. 宁波提升农业科技的机制优化与政策保障[J]. 宁波经济(三江论坛),2022(05):39-41,45.

[11] 慈溪新闻网. 中共浙江省委浙江省人民政府关于高质量推进乡村振兴确保农村同步高水平全面建成小康社会的意见[EB/OL].(2020-7-27)[2022-6-10].

[12] 王鹭,刘开君. 数字乡村背景下破解公共服务碎片化的"整体智治"逻辑——基于浙江"浙里兴村共富"场景案例分析[J]. 中共宁波市委党校学报,2022,44(02):72-83.

[13] 王琼. 乡村振兴背景下新农村生态文明建设研究[J]. 南方农机,2022,53(11):110-112.

[14] 吴启富. 乡村振兴背景下的浙江省农村发展路径分析[J]. 安徽农业科学,2022,50(01):268-270, 273.

[15] 徐达. 共同富裕视域下乡村文化振兴迭代升级的创新模式研究[J]. 西南林业大学学报(社会科学),2022,6(02):57-62.

[16] 俞博,何红光. 不同经营模式家庭农场经营效率分析——基于浙江省的实证研究[J]. 湖北农业科学,2019,58(03):156-161.

[17] 浙江政府服务网. 杭州为全国乡村人才振兴示范探路[EB/OL].(2021-11-08)[2022-6-10].

[18] 郑芳,屠志芬. 乡村文化产业发展:困境、契机与模式探索[J]. 长江师范学院学报,2019,35(02):17-24,125.

第 4 章　县域层面乡村振兴实践

4.1　发展理念

4.1.1　绿色发展、引领生态振兴

习近平总书记在党的十八届五中全会上提出绿色发展理念，深刻指出“绿色发展注重的是解决人与自然和谐问题”。2017 年中央农村工作会议、2018 年中央一号文件已诠释了绿色发展引领乡村振兴的内在逻辑，认为绿色发展是实现乡村振兴的必由之路（杨世伟，2020）。从“绿水青山就是金山银山”的“两山”理论到绿色发展是提升社会生产力水平、改善自然环境、发展乡村经济，指导浙江省县域层面乡村振兴建设，实现实践飞跃的重要发展理念（卢宁，2016）。在浙江省县域层面，2003 年，浙江启动“千万工程”是绿色发展的生动实践和成功经验。杭州市富阳区坚持绿色发展，通过矿山修复、发展生态旅游等措施，推动乡村振兴。湖州市安吉县是习近平总书记首次提出“两山”理念的源头，为鲁家村开展“千万工程”注入了新的理念和指导方针。鲁家村的变迁，是浙江省以“千万工程”为引领、高水平建设美丽乡村的一个缩影，也是绿色发展推动乡村振兴的生动实践。绿色发展理念指导下的浙江省县域乡村振兴建设是引领生态振兴、促进浙江乡村发展的重要途径。

4.1.2　农业“双强”、助力乡村振兴

推动乡村振兴，关键在于跑出“三农”加速度。在共同富裕大场景下，浙江早已锚定三条“主跑道”：农业“双强”、乡村建设、农民共富。产业振兴是乡村全面振兴的基础，2022 年浙江省打响了农业“双强”行动攻坚战，形成以县域为主体，聚焦区域农业主导产业，瞄准农业全程机械化、农业技术应用落地等难点、堵点，采用“当地政府＋科研单位＋企业”的多跨协同模式，在全省 10 个县（市、区）实施 10 个重点突破试点项目。农业“双强”即科技强农、机械强农，

实施农业“双强”“农业＋”行动在县域建设中，以县（市、区）为单位创建农业现代化示范区，统筹推进现代农业产业园、农业产业强镇、特色农产品优势区和中药材等优势特色产业集群建设。以农业“双强”促进“双增”，完善26县“一县一策”帮扶机制，推进农业高质量发展，共同助力县域乡村振兴。

4.1.3　未来乡村、促进共同富裕

未来乡村是以人本化、生态化、数字化为建设方向，以原乡人、归乡人、新乡人为建设主体，以造场景、造邻里、造产业为建设途径，打造未来产业、文化、健康、低碳、交通、智慧、治理等场景，建设集“美丽乡村＋数字乡村＋共富乡村＋人文乡村＋善治乡村”为一体的生态、生产、生活共同体（严力蛟，2022）。浙江省未来乡村建设重点在于为未来探路。杭州市西湖区长埭村作为浙江省第一批未来乡村建设试点村之一既提供了艺术赋能乡村振兴的发展范式，也为乡村治理提供新的思路（王幸芳，2022）。长埭村建设中依托数字化场景建设，开启数智生活，开发了“长富云”小程序满足居民享受邻里、健康、文化、创业、出行、服务、治理等模块带来的便携生活。通过“茶＋艺术＋数字”集合打造集教育、研究、创作、交流、体验、展示、生活为一体的未来创意文化村，长埭村与阿里巴巴合作推出长埭村茶叶的数字产品，通过多种形式出售，共同发扬长埭村茶文化，实现共同富裕。

4.2　县域层面乡村振兴政策解读

全面推进乡村振兴，县域是关键。中共中央、国务院发布的《中共中央国务院关于做好2022年全面推进乡村振兴重点工作的意见》中共有42次出现“县”和“县域”的相关表述，明确将“县域发展”纳入乡村振兴的范畴，推动乡村振兴取得新进展（央视新闻客户端，2020）。随着国家乡村振兴进程不断深化，县域视野对于全面推进乡村振兴的重要性愈发凸显。国家和省域层面都对县域乡村振兴提出了明确的要求。《中共中央国务院关于做好2022年全面推进乡村振兴重点工作的意见》针对不同县域的发展实际提出不同的发展要求，同时为确保乡村振兴工作全面顺利推进，对县级党组织提出了明确要求。提出要统筹县域优势资源，实施以县域发展带动乡村振兴行动计划。浙江省第十三届人民代表大会常务

委员会通过的《浙江省乡村振兴促进条例》中表明，县级以上人民政府应当编制农业农村现代化发展规划，明确阶段性发展目标和要求，推动城乡生产生活要素有序流动和公共资源均衡配置（浙江省人民代表大会常务委员会，2022）。在中央和浙江省的号召下，为实现乡村振兴的目标，浙江各县域针对乡村振兴各方面推出了一系列总体和专项政策文件。

（1）产业振兴政策

乡村要振兴，产业必振兴。产业振兴是乡村振兴的物质基础，是乡村振兴的重中之重。为贯彻落实党中央、国务院关于实施乡村振兴战略、促进乡村产业振兴的决策部署，为全面深化农业农村优先发展，巩固提升农业产业化水平，浙江省各县域结合实际，从乡村产业高质量发展、产业转型发展、产业财政扶持等方面出发，推出了一系列政策（表 4–1）。在产业高质量发展方面，海曙区提出以农业供给侧结构性改革为主线，着力延长产业链、提升价值链、构建创新链、完善服务链（宁波市海曙区人民政府，2020）。在产业转型发展方面，临安区提出推进数字技术、装备与主导产业全产业链的深度融合、深入开展数字技术集成应用示范、培育一批数字乡村新业态等一系列数字转型举措（临安区农业农村局，2020）。在产业财政扶持方面，桐庐县颁布为加强对财政扶持资金的使用管理：① 落实三大保障，稳固农业生产基础；② 推行五大农业，增强产业内生动力；③ 注重两大体系培育，促进农业高质发展（桐庐县农业农村局，2020）。

产业振兴政策梳理 **表 4–1**

政策名称	具体内容	县域
《中共海曙区委海曙区人民政府关于印发〈高质量推进“356”乡村产业振兴行动方案〉的通知》（宁波市海曙区人民政府，2020）、《村集体经济高质量发展三年行动计划》（淳安县乡村振兴工作领导小组，2021）等	高质量发展	海曙区、淳安县等
《杭州市临安区数字乡村建设实施方案》（临安区农业农村局，2020）、《宁海县人民政府关于加快现代农业转型发展的若干意见》[宁海县政府办公室（县委外办），2020] 等	转型发展	临安区、宁海县等
《〈实施乡村振兴战略实现农村产业高质量发展的意见〉实施细则》（桐庐县农业农村局，2020）等	财政扶持	桐庐县等

（2）人才振兴政策

乡村振兴，人才是基石。为进一步优化人才发展环境，鼓励和吸引“三农”人才主动投身到农业事业，加快培育“懂技术、善经营、会管理”的农村实用人才，激发创新创业热情，发挥人才作用，针对各地引才、留才、育才、用才等方面，县域人才振兴政策频出（表 4–2）。在引才留才方面，柯桥区提出打开多元化聚才通道，拓宽人才吸纳通道；实施乡土人才赋能工程，实施乡创人才引育工程（柯桥区农业农村局，2021）；临安区制定鼓励毕业大学生乡村就业、鼓励新农人返乡创业、鼓励新乡贤助力乡村发展等补助政策（临安区农业农村局，2021）。在育才成才方面，平湖市创新出台了多项乡村人才振兴政策，推进千万农民素质提升工程、实施农业产业人才素质提升工程等政策（嘉兴日报平湖版，2020）；海曙区提出更精准的人才培养机制，加快培育重点行业、重要领域、战略性新兴产业人才，支持龙头企业牵头办企业大学（海曙区政府办公室，2021）。在爱才用才方面，柯桥区大胆探索实施在特定地区允许特定乡村人才购买农村"闲置农房"的特定政策（柯桥区农业农村局，2021）；余杭区提出继续创建区级农创客示范基地，发挥青农人才术业专长，组建农业领域青年讲师团（杭州市农业农村局，2021）。

人才振兴政策梳理　　**表 4–2**

政策名称	具体内容	县域
《杭州市临平区乡村振兴人才专项政策实施细则》（临平区农业农村局，2021）、《关于深入实施"两进两回"推动乡村产业人才振兴的意见》（临安区农业农村局，2021）、《关于人才赋能现代化美丽乡村全面建设乡村人才振兴先行区的实施意见》（柯桥区农业农村局，2021）等	引才留才：引才机制、津贴补助等	临平区、临安区、柯桥区等
《平湖市乡村人才振兴政策》（嘉兴日报平湖版，2020）、《海曙区人才发展"十四五"规划》（海曙区政府办公室，2021）等	育才成才：助力创业、素质提升等	平湖市、海曙区等
《关于人才赋能现代化美丽乡村全面建设乡村人才振兴先行区的实施意见》（柯桥区农业农村局，2021）、《"三农"人才振兴 3 年行动》（杭州市农业农村局，2021）等	爱才用才：打造环境、激励机制等	柯桥区、余杭区等

（3）文化振兴政策

文化是乡村的灵魂所在。乡村振兴，既要塑形，也要铸魂。文化振兴是实现乡村全面振兴的活力之源。以乡村文化振兴为主旨，加快培育文明乡风、良好家风、淳朴民风，振兴乡村文化灵魂，激发乡村文化活力，打造乡村公共文化，各县域从当地独特文化出发，针对性出台了一系列文化振兴政策（表 4–3）。文成县围绕打造"环境美、风尚美、人文美、秩序美、创业美"的五美乡村升级版：① 大力推进移风易俗行动；② 大力推进乡村文明提升行动；③ 大力推进农村公共文化服务提升行动（文成县人民政府办公室，2021）。嵊泗县提出要深入挖掘乡村文化，加大农村公共文化建设力度，健全乡村公共文化服务体系，塑造以社会主义先进文化为主体的乡村思想文化体系，打造文化乡村［嵊泗县农业农村局（水利局），2021］。

文化振兴政策梳理 **表 4-3**

政策名称	具体内容	县域
《文成县乡村振兴战略实施方案（2018—2022）》（文成县人民政府办公室，2021）、《嵊泗县乡村振兴战略规划（2018—2022 年）》［嵊泗县农业农村局（水利局），2021］、《吴兴区国民经济和社会发展第十四个五年规划和二〇三五年远景目标纲要》（吴兴区人民政府，2021）等	培育文明乡风、良好家风、淳朴民风	文成县、嵊泗县、吴兴区等

（4）生态振兴政策

生态是乡村发展的根本，浙江省各县域以增强生态服务、满足生态休闲、弘扬生态文化等为目标，在生态空间优化发展、生态环境保护建设、产业生态文明发展等方面，推出一系列生态振兴政策（表 4-4）。在生态空间优化发展方面，钱塘区提出通过自然及人工廊道连接形成生态网络，保障区域生态安全并实现与城乡生态空间互联互通（杭州市规划和自然资源局钱塘分局，2021）。建德市提出配彩叶树种，打造山花烂漫特色村（建德市林业局，2021）。在生态环境保护建设方面，余杭区为加快生态文明建设，提出森林资源保护、水资源保护、生态长效维护［余杭区政府（办），2020］。奉化区制定实施碳达峰实施方案，推进六大领域绿色低碳变革；打造城市废旧物资循环利用体系（宁波市奉化区人民政府，2022）。在产业生态文明发展方面，奉化区推动生态文明建设先行示范，依托生态环境教育特色镇（宁波市奉化区人民政府，2022）。余杭区统筹区域协调发展，提出生态产业发展，健全绿色产业发展机制［余杭区政府（办），2020］。

生态振兴政策梳理 **表 4-4**

政策名称	具体内容	县域
《建德市“山花烂漫美丽乡村”三年行动实施方案（2020—2022）》（建德市林业局，2021）、《钱塘区生态专项规划》（杭州市规划和自然资源局钱塘分局，2021）等	生态空间优化发展	建德市、钱塘区等
《关于完善大径山生态区生态保护补偿机制的实施意见》［余杭区政府（办），2020］、《宁波市奉化区 2022 年推进高质量发展建设共同富裕特色区工作要点》（宁波市奉化区人民政府，2022）等	生态环境保护建设	余杭区、奉化区等
《宁波市奉化区 2022 年推进高质量发展建设共同富裕特色区工作要点》（宁波市奉化区人民政府，2022）、《关于完善大径山生态区生态保护补偿机制的实施意见》［余杭区政府（办），2020］等	产业生态文明发展	奉化区、余杭区等

（5）组织振兴政策

组织振兴是乡村振兴的“第一工程”，是乡村振兴的动力引擎和政治保障，是新时代党领导农业农村工作的重大任务。各县域本着健全组织、建强队伍、完善制度和落实保障，出台了一系列组织振兴措施（表4–5）。嘉兴市提出要实施村域善治行动，健全治理有效新体系。① 坚持党建引领基层治理工作理念，加强党建对乡村振兴工作的引领；② 健全基层党组织领导、基层政府主导的多方参与、共同治理的乡村社会治理格局；③ 全面提升基层组织力，全面提升社会治安综合治理水平（嘉兴市农业农村局，2019）。文成县提出要以提升基层治理能力为目标，围绕“抓基层、打基础”的要求，实施自治法治德治“三治结合”的善治提升行动，打造充满活力、和谐有序的善治乡村构（文成县人民政府办公室，2021）。

组织振兴政策梳理　　表4–5

政策名称	具体内容	县域
《嘉兴市乡村振兴战略实施规划（2019—2022年）》（嘉兴市农业农村局，2019）、《杭州市临安区数字乡村建设实施方案》（临安区农业农村局，2021）等	健全组织、建强队伍、完善制度和落实保障	嘉兴市

4.3　县域层面乡村振兴发展模式

由于各县域资源禀赋、地理区位、历史遗存、发展基础和侧重点不同，浙江各县域按照浙江省、各区域和县域乡村振兴政策和本土实际情况，统筹县域优势资源，本着乡村振兴目标，从特色农产品打造，生态旅游发展、闲置资源开发、互联网＋、多元产业融合、文化创意助推等方面出发，形成了品牌塑造模式、绿色发展模式、要素激活模式、数字赋能模式、产村融合模式、文化驱动模式等不同的乡村振兴发展模式。

4.3.1　品牌塑造模式

品牌塑造模式（图4–1）是塑造公共品牌为县域发展主线的模式。公共品牌以地理框架下的县域特色产品或服务为基础所形成，对内具有典型的公共品特征——非排他性和非竞用性，但对外县域优势资源具有排他性和竞用性的特征。

良好的品牌具有区域认知趋同光环效应、区域规模经济效应以及区域范围经济效应，促进县域社会经济发展（王兴元，2017）。县域品牌塑造依赖于企业、地方政府和行业协会等利益相关者间合作、监督、激励和约束机制，要以县域优势资源为基础，构建多方利益相关者参与的品牌塑造模式。政府通过采用颁布地方政策法规的形式来约束企业，并且加强市场监督，兼顾各方利益相关者的诉求，对公共品牌进行建设和发展。要整合离散分布的中小企业和个体户，凝聚区域内部社会资本，统一协调县域内企业促进品牌塑造，避免“搭便车”行为的出现，提升公共品牌声誉和影响力，增加县域品牌可辨识度。行业协会为品牌塑造和维护起到平台作用，对品牌塑造进行约束，并激励品牌建设意愿。基于区位优势和资源集群，进行县域产品或服务品牌形象建设，强化品牌建设主体，加大技术研发投入，打造县域特色品牌。同时提高品牌意识，加大宣传力度，拓宽营销渠道，创新营销策略（侯红梅，2021）。

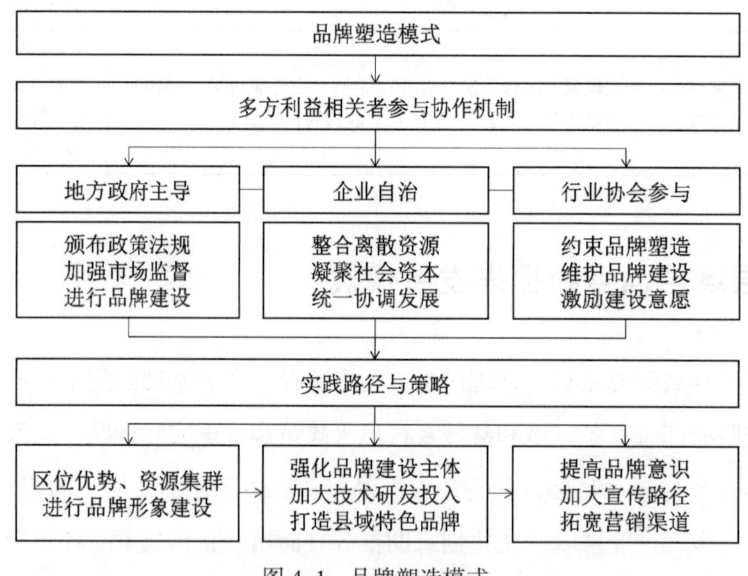

图 4–1　品牌塑造模式

嘉兴市嘉善县打造品牌塑造模式，创新打造“e 联富农”品牌，激活乡村振兴新力量。在实施方面：① 组团新阶层力量精准结对。以打造“e 联富农”品牌为牵引，组团来自网联会等平台的新阶层人士，充分结合本土“丰收节”等活动，开展深度合作，同时根据精准结对乡村、农业合作社、种粮大户；② 联动新阶层力量助力销售。深化“e 联富农”品牌，积极串联“网联驿站”线下销售网、“线上助农”社区团购网、“网络助农”直播销售网，有效拓展农产品的销售渠道，带动农业增效、农民增收。③ 迭代新阶层力量共拓新路径。提升农产品价值、培育农村人才、发展农村新产业驱动乡村振兴新引擎，不断赋予“e 联富农”品牌新内涵。“网联驿站”免费提供主播培训、品牌孵化等一体化服务，积极助力农产品市场竞争力和商品价值提升。

4.3.2　绿色发展模式

绿色发展模式是在传统发展基础上的一种模式创新，即当经济发展与生态保护之间存在着不可调和的冲突时，不是“单一选择”经济发展或者生态保护，而是“复合选择”基于生态优先的绿色发展（唐绍均，2020），以绿色发展实现可持续发展的新型模式（霍艳丽，2011）。绿色发展模式（图 4–2）从生态健康、经济绿化、社会公平、人们幸福的目标出发，立足于经济、环境和社会协调的多元发展，转变传统粗放发展方式，选择县域绿色发展。在生态环境状况不容乐观的形势下，部分学者提出应当放慢经济发展速度，环境保护不但不会制约经济发展，反而能够通过矫正市场资源配置促进经济健康发展。促进经济转型升级，一方面，要“开源节流”。“开源”，即积极推进节能、环保、资源综合利用，加快形成节约资源、保护环境的产业结构；“节流”，即主动减产，化解产能过剩，推进绿色低碳生产方式。另外，绿色发展模式以创新为发展基点，促进县域经济转型升级，依靠创新驱动、主导发展过程，通过产业模式创新把生态优势转化为生态农业、生态产业、生态旅游等产业发展的优势（唐绍均，2020）。其次，在保障助推制度方面，要更新生态法律体系、因地制宜指定发展政策、细化完善配套措施。

湖州市余村切实践行了“绿水青山就是金山银山”的理念，以生态旅游推动乡村发展。20 世纪七八十年代起，余村靠山吃山，大力发展矿山经济，结伴而来的是溪水污流、土地裸露、水土流失等严重的生态问题。虽然矿山经济发展效益可观，但恶劣的生态环境，使矿山经济难以继续，形势倒逼余村必须要探索新的经济转型方式。余村坚定决心守住绿水青山，建设“美丽乡村”，迎来旧貌换新颜，为乡村旅游开发创造了良好的基础条件。环境恢复后，村“两委”将村子重新规划为生态工业区、生态旅游区和生态观光区，大力发展旅游业。余村大念“山水经”、关停矿山、关闭工厂、修复环境、发展乡村旅游，开创了绿色发展模式——以生态旅游助力乡村振兴，已成为国家 4A 级景区。

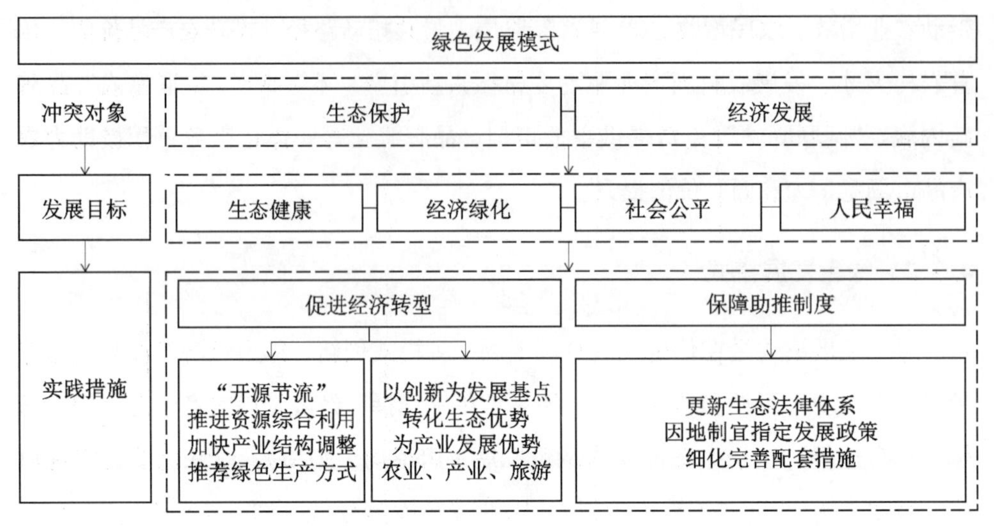

图 4–2　绿色发展模式

4. 3. 3　数字赋能模式

实施数字赋能模式是推动农业农村现代化发展和转型的必然要求，也是高质量实现乡村振兴目标的策略选择。县域实施数字赋能模式（图 4–3）要注重数字生产、数字生活、数字生态、数字治理四大重点领域，并且需要网络资源、信息资源、技术资源和人才资源的要素支持。在数字生产方面，因地制宜发展高质量县域经济，将数据作为一种新的生产力要素，对农业生产、管理、销售全过程进行赋能重塑，由此开发县域经济的新产业、新业态、新模式（梅方权，2001）。在数字生活方面，构建更加智能贴心的县域服务，数字技术通过重构县域人、地、钱三要素，提质县域数字生活，具体表现为优化县域基础设施服务、提供个性化需求服务、强化民生保障服务。在数字生态方面，助推绿色低碳可循环县域环境，遵循绿色发展理念，以数字要素优化县域整体生态，包括自然生态数字化、人文生态数字化和社会生态数字化。在数字治理方面，现代信息技术赋能县域治理，运用数字技术赋能县域自治组织，推动内部治理、层级治理和外部治理更智能、互联、高效。从发展趋势来看，数字赋能模式遵循从传统管理到数字治理、从平台建设到资源整合、从技术服务到赋能共享、从适度收益到长效发展的实践逻辑，凸显了以人为本、成效导向、统筹集约、协同创新的优势特点（沈费伟，2021）。数字赋能需要加强构建包括顶层设计、系统集成、应用创新、保障机制在内的治理体系，增加乡村振兴高质量发展实际效益。

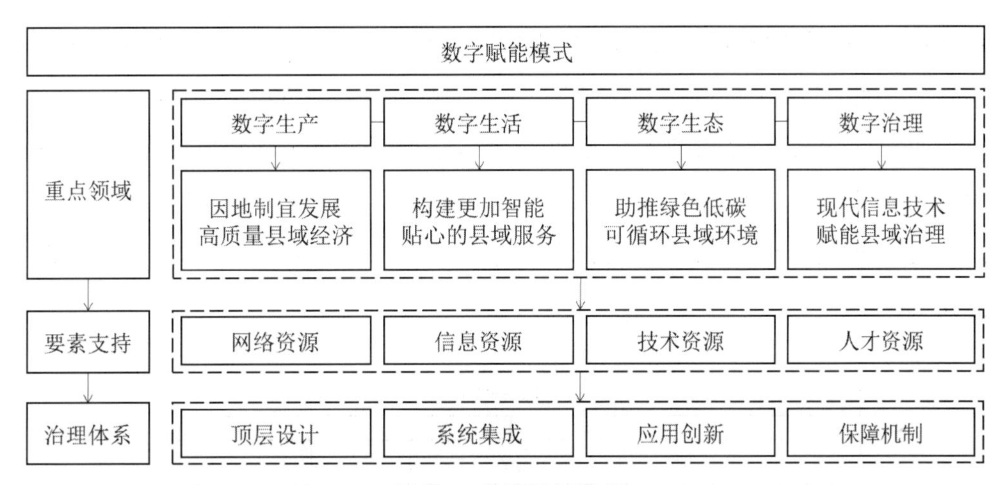

图 4–3 数字赋能模式

湖州市德清县以数字技术激活农村“沉睡资产”，打造数字赋能乡村振兴模式。① 在产业上利用数字技术激发德清县发展内生活力。加快产业数字转型，加快种养基地数字化改造，聚焦拓宽农民增收渠道，带动农产品产供销配的全链条价值提升；② 在生态上提高生态价值转换。率先建成 GEP 核算决策支持系统，实现全县山水林田湖草等生态资产精准掌握，构建生态“绿币”体系，提升群众参与绿色行为获取奖励的积极性；③ 在治理上利用数字孪生赋能治理高效协同。打造触达角落的“物联感知网”，实现对村情民生的“全天候监测、多维度记录”，打造覆盖全域的“数据归集池”；④ 在生活上利用数字服务充盈生活幸福质感。建立普惠均衡的数字服务体系，聚焦养老服务，实现养老机构全覆盖，促进城乡教育资源共享，聚焦村民慢病管理。

4.3.4 产村融合模式

产村融合是实现乡村振兴的重要途径。在产村融合模式（图 4–4）助推乡村振兴过程中，要遵循“产业兴旺、生态宜居、乡风文明、治理有效、生活富裕”五大乡村振兴要求，并在共生发展理念指导下，充分发挥政府、企业、居民等行为主体的积极性，构建三方合作机制。其中，政府的政策支持是产村融合的主要推力，居民是产村融合与乡村振兴的重要主体，企业是产村融合建设和发展乡村振兴的主力军（鲜军，2021）。产村融合模式，要立足生态优势，挖掘历史基因，发挥初始产业优势，通过盘活县域美丽资源，打造符合县域发展规律的特色优势企业，促进产业与生态共生协调发展，努力实现农业强、农村美、农民富的乡村振兴目标。产业链的发展是县域空间发展的重要推动力，产业功能与村镇功能的紧密结合能使县域发展获得更好的支持。产业链本身需要进行空间功能聚合，同时产业与非产业之间需要空间功能混合。第二产业强烈的空间集聚特征推动产业聚集，加强上下游之间的联系，这能够带来极大的规模、市场和政策优势，同时混合产业功能和村镇功能是村镇发展特色与可持续性兼顾的重要条件（许凯，2016）。

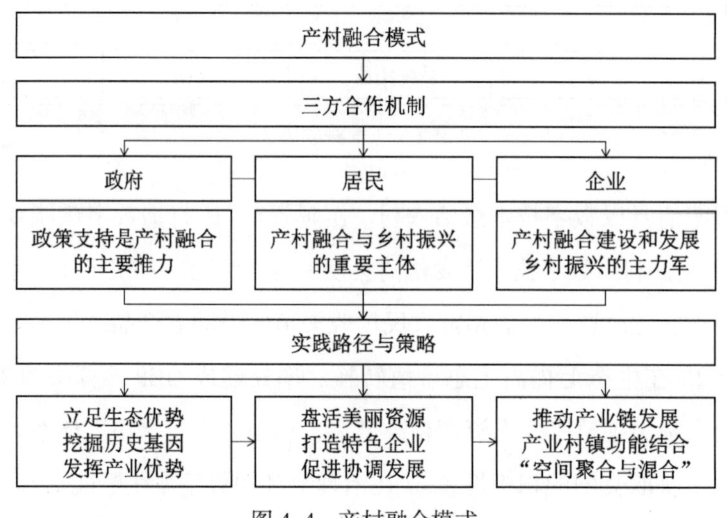

图 4–4　产村融合模式

杭州径山村利用产村融合模式，发展多元产业振兴乡村经济。① 乡村分区与产业融合。根据径山村区域特征及产业发展需要，统筹规划，划分“山上、山下”两大区块。“山上”以径山风景区为核心，以静态的功能活动体现极致禅意；“山下”以动态的功能活动打造具有径山特色品牌的民食民宿产业联盟，助推径山产业集群式发展；② 组织村民共同发展。通过充分挖掘村庄资源，盘活固定资产，活用发展资金，培育特色产业，成立专业化合作社、特色化运营公司，采取全民持股，公司化运营的方式，壮大村集体经济；③ 成立乡村运营公司。为更好地将各类资源转化与利用，由村股份经济合作社主导，成立“径山禅村旅游开发有限公司”，由村属公司统筹经营管理，通过运营平台的打造，统筹管理径山村辖区内从事的一切休闲乡村经营活动。

4.3.5　文化驱动模式

文化驱动在乡村振兴中发挥基础性、引领性作用。文化驱动模式（图 4–5）

以文化为底色，充分发挥优秀文化资源优势，激活文化之水；通过文化遗产活化、现代文化创意融入等手段，以文化优势撬动经济社会发展，开创文化驱动县域乡村振兴新模式。一方面，要以人文特质的物质文化引发县域乡村振兴的活力；以创新传承的传统文化激发县域乡村振兴的内生动力；以人本气息的精神文化催生县域乡村振兴的生命力。另一方面，着力加强县域文化教育、发展文化产业、丰富居民精神文化生活，借助文化的力量，改变居民的思想观念、精神状态，提升其生存与自我发展的能力。同时以文化重塑特色空间、以文化引导文旅融合、以文化助推产业发展，使文化优势转为经济优势，充分展示文化驱动乡村振兴的突出优势，形成一条共生发展路径。

宁波市葛家村启动“艺术家驻村”行动，探索了一条与农民融合设计乡村的艺术驱动乡村振兴之路。“艺术家驻村”与农民同频共振，举行艺术赋能行动，唤醒乡村活力，激发村民投奔于乡村建设，唤醒乡村沉睡的文化。“原来处处都是艺术，原来农民也可以成为艺术家。”村民在家开起美术馆，把自家二楼空间改造成乡间图书馆；把老宅打造成一家酒吧，既能保护老宅又能赚钱。村民成了乡建艺术家，走进中国人民大学艺术学院的讲堂为大学生上课，葛家村也成了中国人民大学乡村实践基地。据统计，葛家村村民创作了 300 多件艺术品，投入仅 60 多万元，但这个村子在 2019 年前 11 个月接待了 3 万多名游客，民宿收入同比增长了 3 倍。

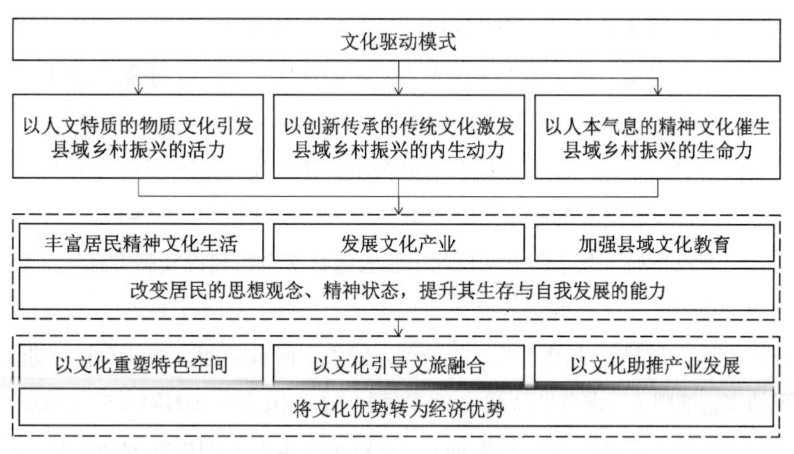

图 4–5　文化驱动模式

参考文献

[1] 淳安县乡村振兴工作领导小组. 淳安县乡村振兴工作领导小组关于印发《村集体经济高质量发展三年行动计划》的通知（淳乡振组〔2021〕1号）[EB/OL].（2021-4-8）[2022-7-17].

[2] 海曙区政府办公室. 宁波市海曙区人民政府办公室关于印发海曙区人才发展“十四五”规划的通知 [EB/OL].（2021-12-31）[2022-7-17].

[3] 杭州市农业农村局. 余杭开启新版“三农”人才振兴3年行动 [EB/OL].（2021-3-5）[2022-6-10].

[4] 杭州市规划和自然资源局钱塘分局.【解读】《钱塘区生态专项规划》[EB/OL].（2021-1-21）[2022-6-10].

[5] 侯红梅. 地方特色农产品品牌塑造模式创新研究——以四川省为例 [J]. 商业经济研究，2021（06）：138-141.

[6] 湖州市南浔区人民政府办公室. 湖州市南浔区人民政府办公室关于印发南浔区规范农业“标准地”管理促进乡村产业振兴实施办法的通知 [EB/OL].（2021-12-24）[2022-7-17].

[7] 嘉兴日报平湖版. 最高奖1200万！平湖发布10条乡村人才振兴政策 [EB/OL].（2020-7-4）[2022-6-10].

[8] 嘉兴市农业农村局.《嘉兴市乡村振兴战略实施规划（2019—2022年）》出台 [EB/OL].（2019-12-7）[2022-6-10].

[9] 建德市林业局. 建德市“山花烂漫美丽乡村”三年行动实施方案（2020—2022）》的通知的政策解读 [EB/OL].（2021-12-28）[2022-6-10].

[10] 柯桥区农业农村局. 关于印发《关于人才赋能现代化美丽乡村全面建设乡村人才振兴先行区的实施意见》的通知 [EB/OL].（2021-12-16）[2022-7-17].

[11] 兰溪市政府办公室. 兰溪市人民政府办公室关于印发《兰溪市乡村振兴“兰江蟹”养殖示范区建设方案》的通知 [EB/OL].（2021-2-3）[2022-7-17].

[12] 临安区农业农村局. 关于印发《杭州市临安区数字乡村建设实施方案》的通知 [EB/OL].（2021-12-13）[2022-6-9].

[13] 临安区农业农村局. 关于征求《关于深入实施“两进两回”推动乡村产业人才振兴意见的实施细则（征求意见稿）》意见的通知 [EB/OL].（2021-4-15）[2022-7-17].

[14] 卢宁. 从“两山理论”到绿色发展：马克思主义生产力理论的创新成果 [J]. 浙江社会科学，2016（01）：22-24.

[15] 梅方权. 农业信息化带动农业现代化的战略分析 [J]. 中国农村经济，2001（12）：22-26.

[16] 宁波市奉化区人民政府．关于印发《宁波市奉化区 2022 年推进高质量发展建设共同富裕特色区工作要点》的通知 [EB/OL].（202-7-6）[2022-7-17].
[17] 宁波市海曙区人民政府．宁波市海曙区人民政府关于高质量推进现代都市农业发展的若干意见 [EB/OL].（2020-12-1）[2022-6-9].
[18] 宁海县政府办公室（县委外办）．宁海县人民政府关于加快现代农业转型发展的若干意见 [EB/OL].（2020-10-2）[2022-6-10].
[19] 沈费伟，叶温馨．数字乡村建设：实现高质量乡村振兴的策略选择 [J]．南京农业大学学报（社会科学版），2021，21（05）：41-53.
[20] 嵊泗县农业农村局（水利局）．嵊泗县乡村振兴战略规划（2018—2022 年）[EB/OL].（2021-09-27）[2022-6-10].
[21] 唐绍均，彭官正．论“生态优先、绿色发展”理念中的复合选择观 [J]．青海社会科学，2020（01）：55-63.
[22] 桐庐县农业农村局．关于印发《实施乡村振兴战略实现农村产业高质量发展的意见实施细则》的通知 [EB/OL].（2020-8-18）[2022-6-10].
[23] 王幸芳 . 长埭村：未来乡村的理想样本 [J] . 杭州，2022（08）：18-21.
[24] 王兴元，朱强．原产地品牌塑造及治理博弈模型分析——公共品牌效应视角 [J]．经济管理，2017，39（08）：133-145.
[25] 文成县人民政府办公室．中共文成县委文成县人民政府关于印发文成县乡村振兴战略实施方案（2018—2022）的通知 [EB/OL].（2021-12-16）[2022-6-10].
[26] 吴兴区人民政府．吴兴区人民政府关于印发吴兴区国民经济和社会发展第十四个五年规划和二〇三五年远景目标纲要的通知 [EB/OL].（2021-6-16）[2022-7-17].
[27] 鲜军．产村融合行为主体合作机制的演化博弈研究 [J]．价格理论与实践，2021（08）：91-95 + 186.
[28] 许凯，杨寒．小微制造业村镇“产、村融合”空间模式研究——基于 STING 法的实证分析 [J]．城市规划，2016，40（07）：57-64 + 73.
[29] 严力蛟．浙江未来乡村建设的探索与思考 [J]．新农村，2022（06）:5-7.
[30] 杨世伟．绿色发展引领乡村振兴：内在意蕴、逻辑机理与实现路径 [J]．华东理工大学学报（社会科学版），2020，35（04）：125-135.
[31] 央视新闻客户端．中共中央国务院关于做好 2022 年全面推进乡村振兴重点工作的意见（全文）[EB/OL].（2020-2-22）[2022-6-9].
[32] 浙江省人民代表大会常务委员会．浙江省乡村振兴促进条例 [EB/OL].（2021-8-6）[2022-6-9].

第三部分

实践篇

第 1 章　青南村——绿色发展助推乡村共富实践

1.1　青南村基本概况

青南村位于浙江省临安区青山湖街道南面，东靠洞霄宫村，南邻杭州市余杭区中泰乡，西接本市板桥乡，北与研里村隔山而居（图 1–1）。全村区域面积 17.6 平方公里，拥有耕地 303 亩，总人口 2060 人，该区域文化底蕴深厚，生态环境优美，地理位置优越，民风淳朴。近年来，青南村在自身良好的自然生态、文化、产业资源的基础上，在“两山”理论的指引下，助力乡村共同富裕建设绿色发展，提升经济地位和保障生态健康。

图 1–1　青南村村域范围

作为首批国家级生态文明建设示范区临安的重要部分，其生态资源丰富，以山、水资源为主，林、田为辅，拥有大量的风景优美的自然山水景观，风景秀丽。除此之外，青南村曾是青山湖街道闻名的“石灰村”，紧邻公路和盛产石灰岩的优势，青南村的矿产资源极为丰富，但也因此付出了生态环境部分遭受破坏的代价，为此经过十余年的生态自我修复和矿场复绿，青南村的绿色基地逐渐凸显，实现了真正的“金山银山”（图 1–2）。

图 1–2　青南村生态资源现状图

1. 2　“共富”目标下的特色资源分析

1. 2. 1　特色生态资源

青南村是浙江省范围内基于矿产资源推进乡村绿色发展实现共同富裕的典范，青南村从过去依赖矿产资源推进乡村建设发展至依赖废弃矿山构建乡村“共富”后花园的模式，高度重视高位推进，为绿水青山护航。在全力推进矿山整治工作中，青南村将“碧水、青山、净土”落实到规划建设中，共同助推“绿色崛起”，为乡村的共同富裕打下坚实基础。

在过去，青南村矿产资源丰富，环境优美，全村六成以上村民依靠石灰石的开采谋生，该重要矿产资源为过去青南村的发展提供了宝贵基础，同时也造成了严重的环境问题，青南村逐渐成为了一个“灰色”乡村（图 1–3）。对此，青南村在生态复兴中把握青南自然本底和矿产基因，以绿色资源作为发展核心，将“矿山”变“青山”，利用生态修复绘就乡村“共富”，推动乡村“文旅”一体化发展。

图 1–3　青南村规划前矿山图

青南村独具特色的矿山资源为乡村的文旅产业带来新的生机。复绿后的废弃矿坑底部天然较为平坦、可游憩的特征成为吸引游客前来露营、学习矿坑文化的主要活动场地；具有矿坑挖掘痕迹的青南矿坑壁是展现青南历史脉络和矿坑开采特征的重要抓手；废弃的石灰窑是青南村发展的历史，是矿坑历史的残留，也是文旅产业发展建设的重要部分（图 1–4）。在矿山复绿建设中，不仅仅要将已被破坏的山体进行修复，更要保留历史痕迹，打造一个会讲故事的青南村是推进共同富裕的主要方向。

图 1–4　矿山修复前实景照片

此外，青南村的“溪”也是串联自然与人文的一大关键。利用矿山的天然优势形成的溪水是村民日常生活和灌溉的重要水源，自然风光与一侧的石灰奇观共同打造的水空间是青南发展的特色所在，是唤醒故乡记忆的宝藏，也是儿童亲近自然和山水空间的窗口（图 1–5）。作为传统江南乡村具有特色的“田”在青南村中也是同样独具风采，依托村庄自身的山水林田湖形成的四季景观为游客摄影打卡、徒步和骑行等的活动提供网红基地（图 1–6）。

图 1–5　青南村“溪”现状照片

图 1–6　青南村“田”现状照片

1. 2. 2　特色文化资源

青南村除了有丰富的生态资源，还有浓厚的文化底蕴，其中党建文化、禅乐和艺匠文化是青南村最具特色的文化。青南村多年来以抓党建工作引领先进文化建设，共同探寻红色记忆，因此党建文化是青南村鲜明的文化资源。此外，佛教在临安的宗教发展历史中渊远流长，昭明禅院自志公法师开山以来，已有 1500 年的历史，其建筑独具民族特色，是临安区宝贵的文化遗产。作为全国“越剧首次试验地”临安，具有丰富的越剧文化，该非物质文化遗产受到广大人民群众的喜爱和政府部门的重视，是青南村乡村振兴建设的特色抓手。此外，工尺谱是中国汉族传统记谱法之一，也是青南村特色鲜明的文化之一。在党建文化、佛教文化、越剧文化和艺匠文化等的基础上，临安区青南村乡村建设中重要的文化建设为青南村未来的乡村建设提供文化内涵（图 1–7）。

图 1–7　青南村文化资源现状图

1.3　发展理念与定位

首先，针对具有青南特色的产业发展后的矿坑资源，青南村以绿色可持续作为发展理念，经过多年的生态修复与复绿建设打造以矿山记忆为出发点的生态特色村。变“单纯修复”为“融合发展”，按照草坡、稻田、人居环境提升的综合整治思路进行规划，对不同地形、不同条件的废弃矿点实施“一矿一策”、分类修复，宜林则林、宜草则草、宜耕则耕。其次，充分利用现有的山水林田资源和优越的地理区位条件，整合乡村机理和风貌，发展多元特色农业，实现绿色可持续发展助力乡村振兴。最后，青南村推动“三生”空间融合，促进共同富裕。在生产方面，通过将乡村运营映入生产中，讲好青南“禅宗、音律、红色”故事，实现文创兴农梦。在生活空间方面，青南村充分利用“溪、巷、田、院”的青南特质实现新时代下乡村振兴的转型与升级，打造田园乡愁梦。在生态方面，青南村充分利用青南的矿山与自然肌理，基于习近平总书记生态文明思想与绿色发展理念，实现青南生态复兴梦。坚持一手抓生态、一手抓产业，因地制宜发展林果、中药材、乡村生态观光等特色产业，形成绿色产业链，将生态优势转变为共同富裕的产业优势。要创新“线上＋线下＋农户”经营模式，积极拓展产品销量，带动区域经济发展，增加农民收入。要认真推广总结基层实践成果和经验，持续加大林业政策和人才支持，因地制宜建设完善的生态体系，释放乡村发展新动能，推动实现矿产资源生态建设和乡村振兴发展“双赢”。

青南村牢牢把握“三生融合、艺旅青南”的总体定位，发展“旅游＋生态产业”，利用独有的矿坑生态产业，打造以矿坑为核心的青南休闲产业链，通过慢行系统将青南村的生态特色串联，发展矿山观光、矿坑露营、绿色骑行、竹海漫步等生态休闲项目，打造高质量、生态强的绿色生态产品，推动绿色产业链的全面发展；发展“旅游＋休闲农业”，通过发展农业观光、有机蔬菜采摘、农耕体验、食品加工体验、餐饮制作体验、花果种植、农业大地艺术欣赏等休闲旅游项目，打造高品质原生态的休闲农业产品，推动健康农业食品产业链的综合发展；发展“旅游＋文化产业”，深度挖掘青南村独有的矿产资源文化、党建文化、禅乐文化、艺匠文化、生态文化等，结合市场需求及现代生活方式，运用创意化的手段，打造利于休闲的精神层面的旅游产品，使游客在获得丰富文化体验的同时，能够感受乡愁文化、陶冶情操，实现精神共同富裕。

1.4 “共富”发展模式与路径

1.4.1 “共富”发展模式

青南村原先以矿石开采为主要产业，60% 以上的居民为矿工，土壤碱性较高，生态系统遭到严重破坏，也威胁着村民的健康，在“绿水青山就是金山银山”发展理念的影响下，2006 年，青南村开始整治生态环境，2017 年，青南村关停所有的 8 个矿场、18 个窑洞，开始谋求新的发展模式。

经过近十年的生态修复，青南村目前拥有山、水、林、田、矿的优势，其中的“矿”资源是青南村特有的，在共同富裕道路上的稀缺资源，打造矿坑露营、窑洞咖啡、特色民宿等绿色发展产业成为青南村的发展重点。把废弃矿山变为绿水青山、金山银山是青南村的主要发展方式。青南村以石灰矿开发遗留的山壁为最大特色，将石灰石工业遗留改造为露营基地，发展斜阳谷忱山露营基地，凭借自身优越的区位条件，吸引杭州及周边的游客，盘活矿坑闲置资源，成为拍照打卡的工业遗产，节假日期间帐篷和房车供不应求，每日可接待游客三百到四百名，营业额达三万元左右。忱山露营二期建成窑洞酒吧、窑洞咖啡吧等，集成康养基地、室外会议、团建放松等多主题的高端大型露营地“旷野之息”也在建设中。在发展露营活动的基础上，青南村也开展民宿和农家乐建设，为居民提供厨师、安保、防疫等多种就业岗位，拓宽居民的收入途径，带动更多居民致富，拉动村集体收入。同时，内生化的艺术乡村建设也是该村绿色发展的方式之一，2021 年举办夏日青南的展览，通过艺术展览的方式，利用图像的展示，传达自然界中的痕迹，记录矿坑的美学概念，在村庄各角落布置自然展览，增强居民和游客对村庄探索的互动性。

总之，以生态＋文旅为特色的绿色发展方式实现青南村石灰窑的绿色转变，在生产方面发展绿色产业业态，在生态方面提升生态转化价值，在生活方面促进乡风文明，帮助居民实现增收致富，推进村庄共同富裕。该模式契合两山理论，改善村庄生态环境的同时带来经济效益，发挥生态文明的引领作用，利用生态优势，将原先高污染、高能耗的产业转为绿色的文旅产业。

1.4.2 “共富”发展路径

青南村在 2021 年被划定为村落景区创建村，文旅局以及街道投入资金招揽乡村运营师参与村庄的整体规划、实际建设与全过程运营，在绿色发展道路上，青南村通过运营商的主导、乡贤的引导、居民的参与等方式带动文旅产业发展，城乡融合发展，进而实现共同富裕（图 1–8）。

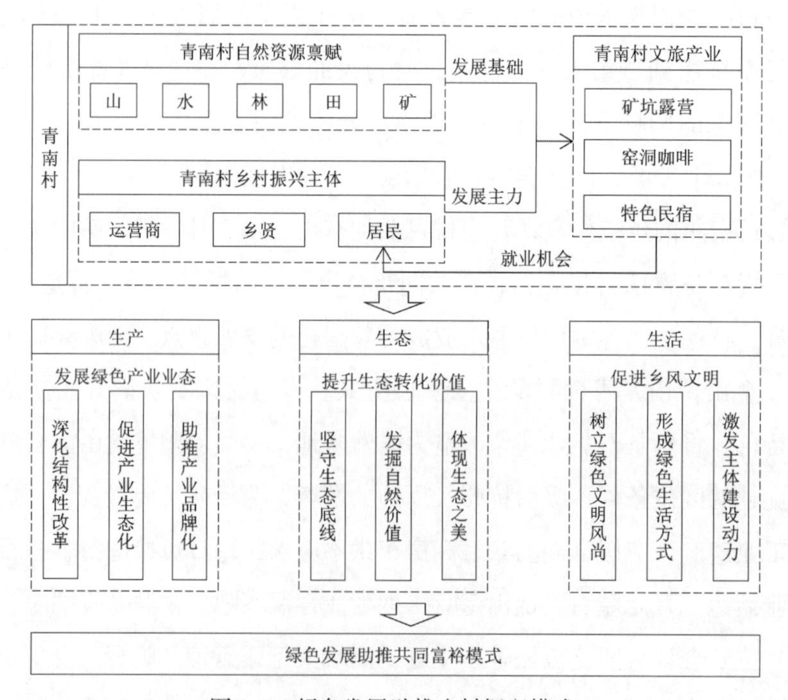

图 1–8　绿色发展助推乡村振兴模式

激发运营商在共同富裕中的主导作用。引入市场化运营团队，进行整村性、系统性、多维度的运营，青南村的运营商提出要将青南村打造成为国家级的自然学校，市场主体发展村落景区，盘活村庄自有资源。让专业的人来经营村庄，实现村庄与市场的融合，推动本地居民再就业，充分挖掘青南村的资源，探索共同富裕的有效路径。

重视乡贤在共同富裕中的引领作用。青南村拥有青年乡贤会的社群，知识青年赋能乡村能激发青年人回乡创业的热情。乡贤是村民自治的主心骨，是外部与内部沟通的桥梁，推动外部力量驱动内生动力，要注重发挥乡贤引领作用。青南村的乡贤，涵盖各行各业的人才，如科技城的企业高管、文旅业的精英、学者、艺术人才等，为矿坑露营基地以及民宿建设出策出力，建设臼湾窑洞附近的忱山营地，在节假日吸引大量游客。

坚持居民在共同富裕中的主体地位。青南村各类绿色发展产业的发展离不开当地居民的支持，如民宿的经营、安保工作、防疫工作等，露营地的建设为居民提供了就业岗位，忱山营地刚完成一期建设，但已经吸纳了 16 人就业，可以提高居民的生态环境保护意识，通过绿色发展产业创收，可以大幅提升居民的幸福感，使全体人民共享发展成果。

1.5　总体规划

1.5.1　功能分区图

规划范围为青南村，村庄位于青山湖街道南面，东靠洞霄宫村，南邻杭州市余杭区中泰乡，西接本市板桥乡，北与研里村隔山而居。总规划面积为 700 公顷，规划核心范围为 52 公顷。青南村的总体定位为生态复兴研学地、乡愁体验首选地、乡村文创理想园，融入生态文明思想，培育新乡贤文化，从扶贫到扶智、扶志、扶制。

根据青南村的特质，打造一核、五带、七大功能区的功能分区，具体来说，青南之心为功能核心节点；五带包括两条南北向的生态文创发展带和三条生态田园景观带；七大功能区块，矿野记忆为青南基因，乡野悠梦、归隐南山为青南故事，田耕细作、食在东篱、春华秋实、阡陌寻芳为青南特质；以青南之心为核，文创田园发展带、文创溪野发展带为轴，三条生态田园景观带为辅（图 1–9）。

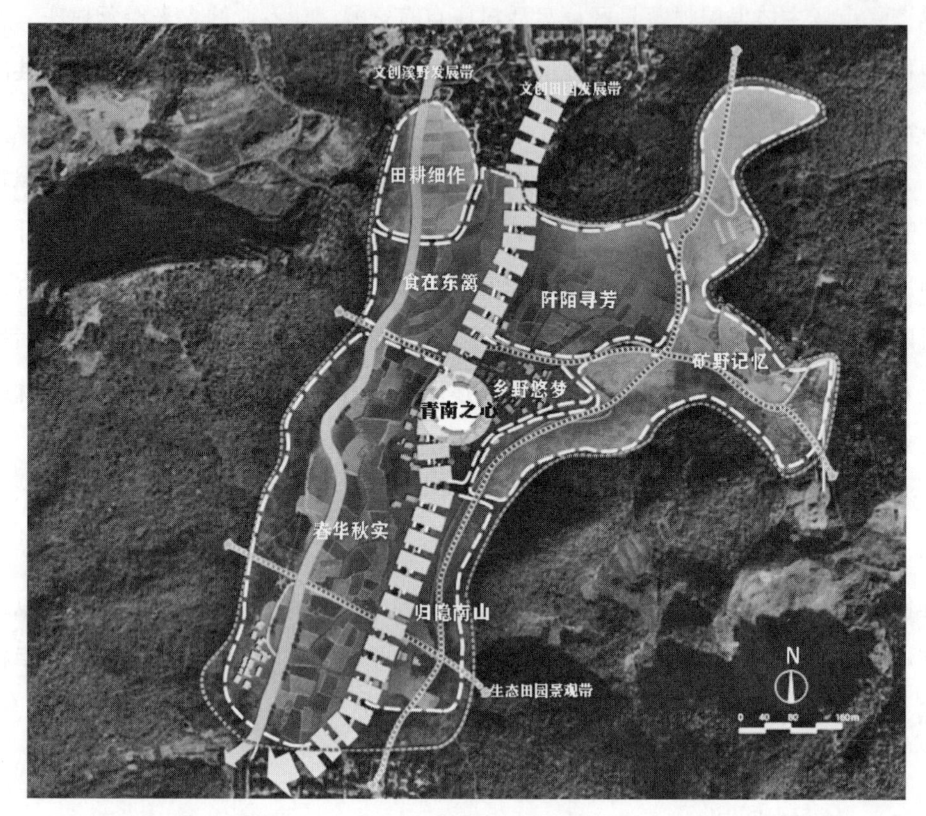

图 1–9　核心区功能布局图

1. 5. 2　规划总平面图

规划总平面图可以分为矿野田园、青南之心、青南故事、青南基因、青南特质等五大区块（图 1–10）。矿野田园区域是农田研学基地、可食农业园、四季采摘菜园、竹海漫游、芳田参禅、青南花海、星空谷房车营地、矿野公园、青南野奢营地。青南之心包括青南绿心、青南新石纪，青南故事包括菩提觅禅、军功问心、红色文化广场、工尺音韵公园、观心自静、墙角音韵，青南特质包括山溪听泉、田野记忆、追光溯源。

从地理位置上可以分为两部分，青南之心、青南故事、青南基因、青南特质等分布于青南村中心区域，与青南村的居民点联系紧密，矿野田园区域分布在青南村核心区外围，利用青南村特有的自然资源发展田园采摘、露营等活动。

图 1–10　规划总平面图

1.5.3　交通规划图

对外交通方面，青南村通过“活斜线”公路与外界相连，内部则一共打造三级慢行系统（图 1–11）。一级慢行系统通过主要环线连接七大功能区，二级慢行系统串联核心区五大精品线路以及居民常用道路，三级慢行系统是各组团内部形成整体贯通的漫游骑行环线。三级慢行系统以不同的等级和功能共同组成青南村的交通系统，方便居民与游客的出行，营造安静舒适的慢行交通系统，缓解交通拥堵的情况，改变居民的生活方式。

1.5.4　基础设施规划图

基础设施包括游客中心、公共厕所、垃圾集中收集点、临时医疗点、指示标识、停车场等（图 1–12）。总体上，青南村的基础设施规划考虑到居民和游客的需求，游客中心位于村庄中心位置，配置有停车场和公共厕所，属于“青南之心”区块，有较多的节点设置，方便游客了解青南特色。总共有两处公共厕所、两处停车场、多处指示标识、四处垃圾集中收集点，临时医疗点位于村庄中心。

图 1–11　交通规划图

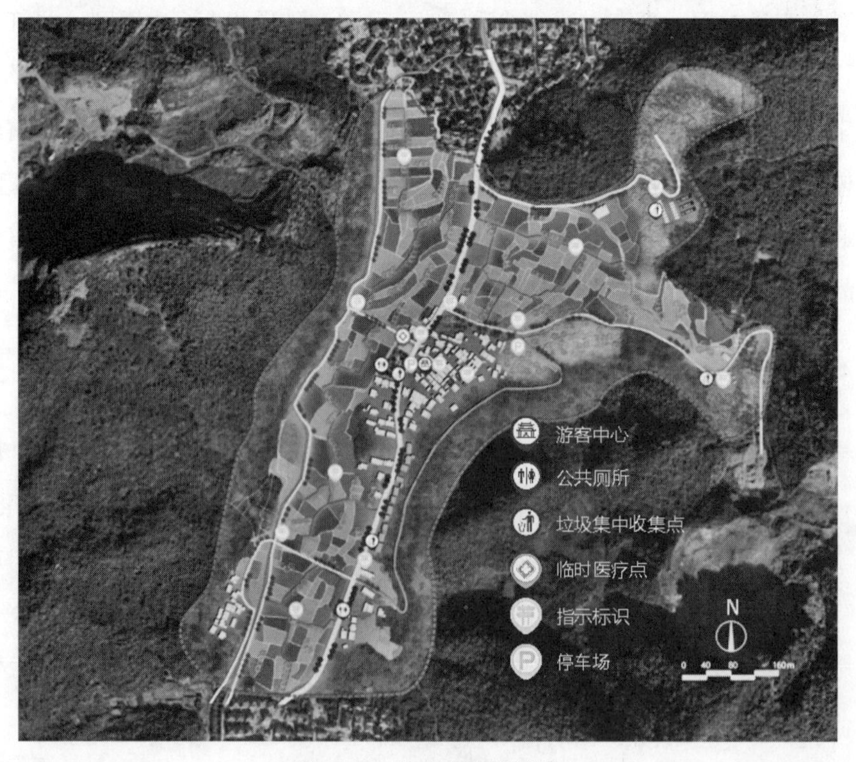

图 1–12　基础设施规划图

1.6　详细设计

（1）青南村露营地

青南村露营地包括青南野奢营地和星空谷房车营地，位于矿野记忆功能区，青南野奢营地包括野餐露营、野奢帐篷营地、窑洞咖啡、窑洞餐饮、矿坑崖灯、崖壁灯光秀，星空谷房车营地包括星空谷矿坑餐饮、星空谷音乐节舞台、密林生态遮挡、矿坑集市、房车营地（图 1–13）。充分利用青南村的矿山特色，提供多种服务供游客体验自然野趣，可以在矿山脚下感受绝佳视野，远离世俗，感知自然。窑洞也极具特色，在保证安全的前提下，可以开发为咖啡馆，置身其中享受生活，为城市生活压力大的游客带来新的感受，提升游客的幸福感。

图 1–13　青南露营地

（2）青南绿心

青南绿心的节点设计融入矿元素，打造矿石之心和木质构筑物（图 1–14）。利用原场地部分空间划分限定，进行景观改造提升，植入青南矿石之心，将青南采矿记忆融入场地设计，并具有一定的地标性。场地虽然可进入性差，但采用木制构筑搭建岩洞后，产生探索的效果，使场地充满了趣味性和观赏性。

图 1–14　绿心节点设计

（3）青南基因

青南基因节点加入矿车和矿轨要素，将原场地的杂物进行清理，保留大的乔灌木（图 1–15）。设置工业记忆游憩节点。打造青南基因游览线的特色入口节点。利用村内现有矿渣沙石打造沙地矿车小节点，增强景观互动性。沿线铺设矿轨小径，路边石板展示青南矿业老照片，游客在漫步于矿轨小径时，追忆青南故事。

图 1–15　青南基因节点设计

第 2 章　孝村——文化驱动助推乡村共富实践

2. 1　规划区基本概况

孝村村委驻地庙下自然村，宋南咸淳年间（1265—1274）属临安县大云乡，清乾隆二十四年（1759）庙下属大云一图。民国 34 年（1945）属锦北镇。1985 年横畈镇为庙下、孝村、窑田畈村，2007 年村规模调整，三村合并为横畈镇孝村村，2011 年并为青山湖街道孝村村。孝村村域面积 8.71 平方公里，全村集体所有农用地总面积 12741 亩，其中山林 11733 亩、园地 105 亩、耕地 687 亩、水面养殖 16 亩、其他 200 亩。主导产业以毛（雷）竹为主。有 14 个村民小组，440 户，农业人口 1358 人（图 2–1）。

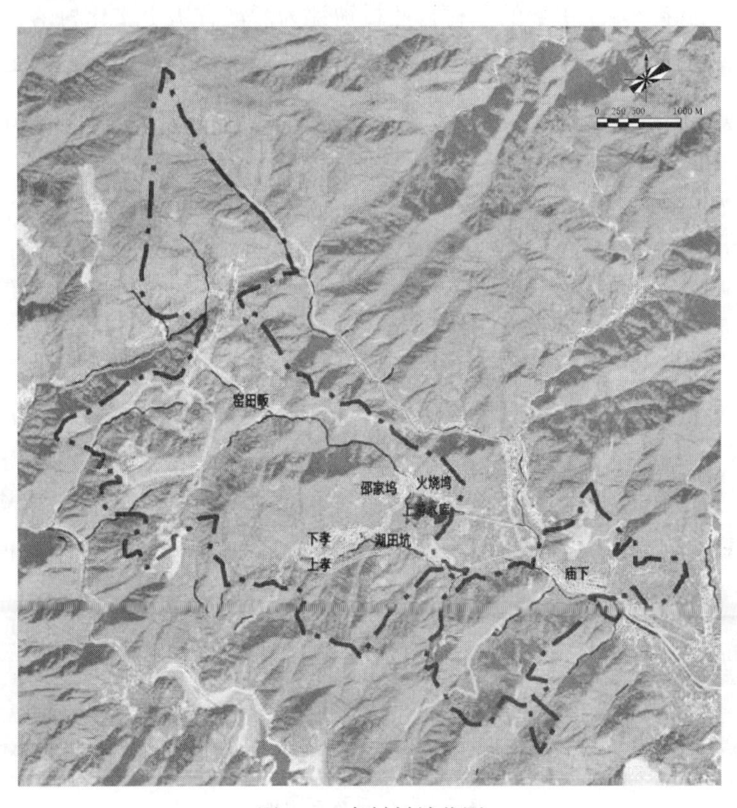

图 2–1　孝村村域范围

孝村位于临安东部青山湖街道北部，白水溪源头，东邻郎家村，北靠白水涧村，南连高虹镇虹桥村，西至石门村。孝村周围紧邻径山寺、太湖源风景区、天目山自然保护区、浙西大峡谷等旅游风景名胜，旅游资源空间集聚。同时孝村距离杭州主城区仅 1 小时，上海、苏州、宁波、金华等大都市仅 2 小时，交通便利，客源地市场庞大，区位优势突出，发展旅游业优势明显。

2.2 “共富”目标下的特色资源分析

2.2.1 特色生态资源

孝村之美，美在山水森田居，其地处天目山脉的东北麓，群山环抱，古树参天，生态环境极佳，孝村森林覆盖率达 89.8%。其拥有浙江省第三批重点自然保护孝区窑头山，集自然山水和人文景观为一体的上游水库，山水景观美丽动人。拥有万亩竹海、猕猴桃采摘园等山水林田湖景观。其中村委会驻地庙下拥有代表佛教文化的白马寺；位于中部的孝村自然村被评为浙江省历史文化村落，拥有多处百年古树群和古建筑群；位于西部的窑田畈生态环境优美，拥有大量古民居，具有深厚的文化底蕴。孝村自然历史文化资源丰富，发展旅游业条件优越（图 2–2）。

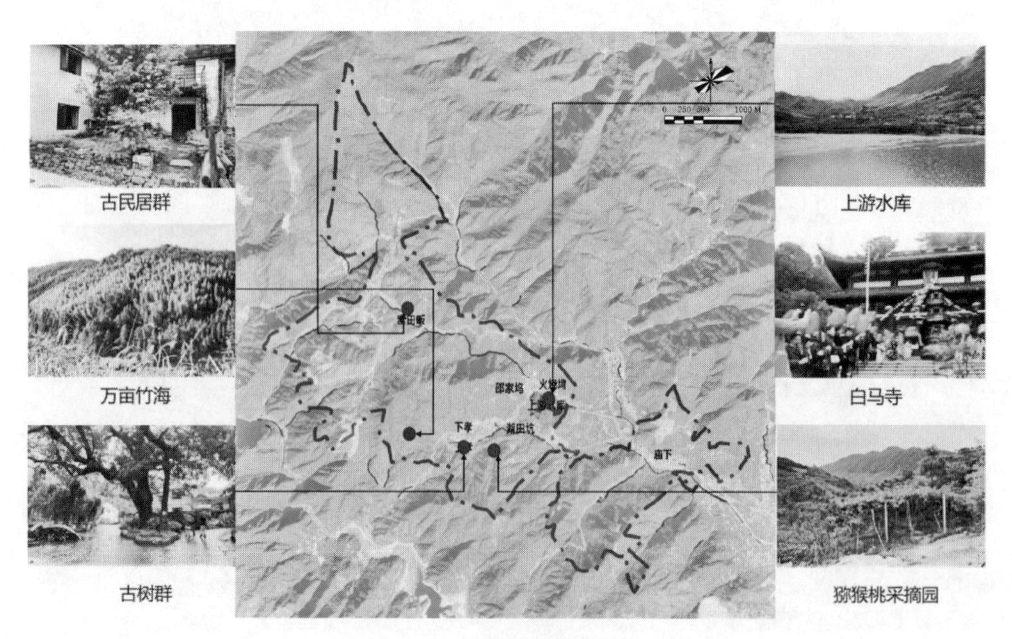

图 2–2　孝村自然资源现状

2.2.2 特色孝道资源

作为浙江省历史文化村落，孝村拥有孝村沈氏始祖善六公“恣蚊饱血”“净目舔污”“破冰逐鱼”的至纯至孝的感人故事，以及“百里负米”等二十四孝经典传承。同时蕴含深厚的村落文化底蕴，拥有以传承“忠贞为国，尽孝为先”等忠孝文化的家训族规的三善堂祠堂遗址等丰富的人文历史景观，还拥有千年古树、百年老屋等古文化景观。孝村村内有一幢五间四厢走马楼，门前有一块牌坊，还有旗杆石。楼堂正中央有一块奖励沈氏后裔的大红匾牌：“文才世家”。文才世家藏有古籍千册，是孝村村落文化宝库。孝村人民立志传承孝村尚武健身传统，沈荣金太公经过拜师学艺融合各家拳术精华独创孝子拳经。同时，村民在初八舞猪头青龙灯，被誉为临安锦北第一灯；元宵结束，舞龙灯的收入用来村里修桥铺路、孝敬孤寡老人。村里人回见亲朋好友要到村中小溪石板桥行礼迎客送客，是孝村特有的风俗。

2.3 发展理念与定位

结合孝村优厚自然条件及丰富文化资源，为突出孝村优秀孝文化传承，孝村推出“孝＋”开发理念，主要包括：“孝＋康养”理念、“孝＋休闲”理念、“孝＋宿居”理念以及“孝＋承育”理念（图 2–3）。

（1）“孝＋康养”理念。利用孝村的生态优势，开拓孝山竹海康养区、孝树延年游憩区，因地制宜规划配套完善的健康养生区域，为游客提供亲近自然的机会，收获身、心、灵的净化与合一，依托森林旅游资源及健身康养文化，构建森林康养和乡村旅游业的产业体系，推出“孝＋康养”开发理念。

（2）“孝＋休闲”理念。依托上游水库、猕猴桃采摘园等现有旅游资源，开拓孝水清漾休闲区、孝田润心采摘区，探索旅游形式特色多样化，注重参与主体的双重性与旅游产品的互动性。依托农业旅游资源，结合休闲农业，以农促旅，以旅兴农，推出“孝＋休闲”开发理念。

（3）“孝＋宿居”理念。利用孝村现有的古建筑历史文化资源，结合孝文化元素打造孝主题民宿，建设孝居遗香民宿区。在此可品乡肴、观美景、呼吸自由空气，收获与家人相处的快乐。通过古建改造，打造旅游休闲功能的民宿。将旅游与居住功能结合，推出“孝＋宿居”开发理念。

（4）“孝＋承育”理念。以文化礼堂作为建筑载体进行打造孝道文化传承区，集中在文化礼堂内系统展示经典名著释孝、近代伟人与孝、现代新二十四孝。在这里，游客可以学习孝道文化、提高个人道德文化修养，同时，这里也是展示孝村民宿文化的重要窗口。因此，孝村打造孝文化传承教育基地，文教结合、寓教于乐，推出“孝＋承育”开发理念。

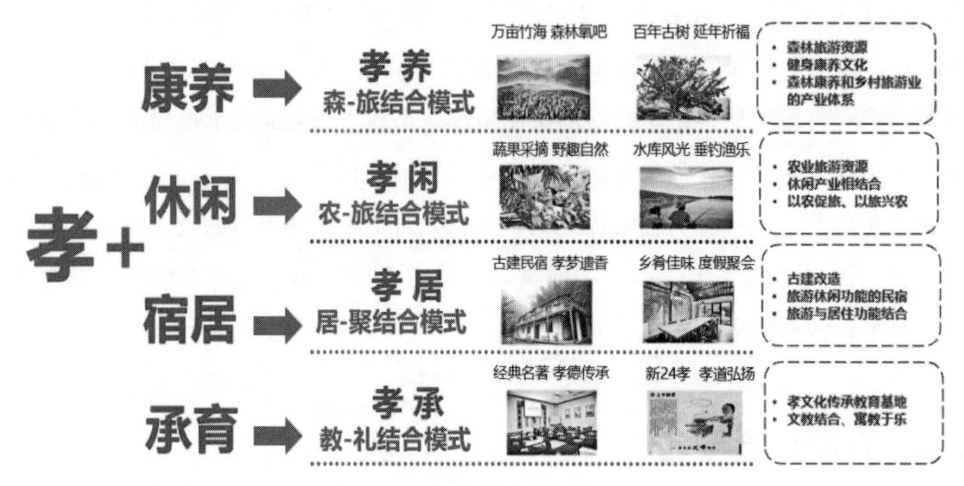

图 2-3　孝村开发理念

2.4 “共富”发展模式与路径

2.4.1 “共富”发展模式

根据资源类型、发展优势、规划目标等方面，其共富发展模式可以总结为以下四类：

（1）孝闲＋农旅结合模式。该模式是基于生态环境保护理念，以农业发展为基础，展现孝文化主题、具有农产品销售、品尝、观光采摘、城郊休闲、水库垂钓、农事体验、科普教育等功能融合的农旅结合开发模式。在运作模式上，政府借助乡村振兴战略和惠农政策，积极挖掘自然资源和“孝文化”文化资源，实现农产品产业多元化多功能发展；集体、市场、企业、群众协同组织，建立农业发展有限公司经营主体，建立大型观光农业园和优质农产品销售平台，并推动观光、休闲项目；非营利性社会组织和专家通过提高农产品科技水平，执行绿色标准化生产管理，提高产品质量。

（2）孝养＋森旅结合模式。该模式是基于生态与发展两条底线、依托自然地理环境、竹海资源和人文资源等优势，以竹海康养为新引擎，农业、林业、旅游、交通、医疗、通讯等多产业融合发展的综合开发模式。政府层面出台推动绿色新兴产业的扶持政策，规划建设、开发管理和完善建设周边交通设施、乡村医疗及基地健康管理等医疗服务体系建设，同时结合孝文化，利用各种方式扩大竹海旅游宣传力度，打造竹海旅游品牌。当地中小学基于已有自然教育教室，积极推动产学教研融合开展野外考察、科普基地、生态展馆等研学科普宣传活动。最终使该模式具有生态度假、竹海运动、城郊休闲、风景观览、生态教育等多元化的特色功能。

（3）孝承＋教礼结合模式。该模式是在新时代乡村振兴战略下，以乡村文化建设为目标、文化礼堂为文化载体的，推动乡村文化的创造性转化和创新性发展的开发模式。乡村振兴建设不应仅仅关注资金、建筑环境等物质条件，更应当关注以孝道、民俗等传统文化的认同感、情感归属等要素，实现对乡村文化资源有再认识和再发展，在继承发展乡村文明的基础上，实现乡村文化的推陈出新和与时俱进，培育和发展乡村振兴的动力和活力。

（4）孝居＋居聚结合模式。该模式是基于地域文化特色和地方自然环境特点，以民宿为基本载体、实现乡村民宿产业、人居环境整治、文化传承、美丽乡村建设、经济增长、乡村振兴等目标的有机结合，探索民宿产业与共同富裕的新开发模式。该模式注重通过对家园文化、孝道文化等乡土传统文化、自然环境特点、地域差异性特色的挖掘和融合利用，在建筑设计、室内环境、主题活动、服务体验和服务方式等方面营造民宿产业文化氛围和传统文化内涵，提高民宿的辨识度，提升当地居民和游客对民宿的文化认同。

2.4.2 “共富”发展路径

针对不同的发展模式，孝村的发展路径包括以下四类：

（1）孝闲＋农旅结合模式的“共富”发展路径：① 当地政府应深入挖掘地区传统文化资源和农业、旅游资源等特色优势，将农旅融合产品纳入乡村振兴的发展计划中，制定促进农业产业高质量发展、转型升级的规划和行动方案，打造乡村旅游品牌，提高地区产业知名度和市场竞争力，为乡村经济可持续健康发展提供了重要保障和引导作用。② 提高观光农业园的可观赏性，充分利用了当地优势产业、景观资源和区域特色，把现代农业与传统产业相融合，引入园林原生态的自然景观造景和文化雕塑、文化景观墙、景观小品等人工景观建筑，增加旅游趣味性。③ 完善多产融合，凭借"农产品＋旅游"模式和孝村当地浓厚的孝文化资源，提高农旅结合多元化，通过增加鱼塘、农耕文化、水库垂钓等多种元素，为有机绿色产业提供了支撑，多方面提升居民收入，满足游客的不同需求（图 2–4）。

（2）孝养＋森旅结合模式的"共富"发展路径：① 政府层面出台推动绿色新兴产业发展的扶持政策，负责规划建设、开发管理和完善建设周边交通设施、乡村医疗及基地健康管理等医疗服务体系建设；同时结合孝文化，利用社交网络媒体、旅游网站、标识牌等方式扩大竹海旅游宣传力度，打造富有文化底蕴、富有地区特色的竹海旅游品牌。② 旅游公司开发独立运作的竹海旅游景区，并设计康养绿道、自然教育教室和康养活动平台，打造康养休闲路线。③ 当地中小学基于已有自然教育教室，积极推动产学教研融合开展野外考察、科普基地、生态展馆等研学科普宣传活动；高等院校、科研机构专家应注重科研人才培养，为竹海康养实证研究提供智力支持和建议对策（图 2–4），将文化培育转化为乡村振兴的发展优势，最终实现城乡居民、资源要素双向流动的共同富裕发展路径。

（3）孝承＋教礼结合模式的"共富"发展路径：政府提供资金投入，将文化礼堂建设资金列入年度财政预算，并应激发村民的积极性和主动性，成为文化礼堂的建设主体、使用主体和日常管理主体。同时，要拓宽农村文化礼堂"公益金""乡贤基金""文化众筹"等政府财政、村集体资源、社会资本的多方筹资渠道，有效补充农村文化礼堂日常运行经费。在孝承＋教礼结合模式下的乡村振兴战略的实施过程中，应当在文化礼堂现有的发展基础上，挖掘和阐发优秀乡土文化，增强乡村文化的功能性，如在文化礼堂设置文化服务供需对接和孝文化品牌宣传平台，展示身边村民的孝道先进事迹，以政府和市场结合形式定期配送书画、图书、非遗表演、电影、戏剧等各类文化活动。社区组织和村民应积极开展农村精神文明创建和乡风评议活动，建立完善各项村规民约，不断提高农民群众文明素质，提高价值认同和共同的归属感。市场应当开发利用历史文化资源、文化礼堂等空间资源，推出一系列文化付费产品，打造共同富裕理念下的文化品牌，采用文化手段提升乡村振兴的生命力和发展活力，提升村民的文化教育水平。村民作为乡土文化的传承者，应当投入乡土人才队伍建设，为全面推进乡村振兴、实现乡村经济发展繁荣提供充裕的人才支撑（图 2-4）。

（4）孝居＋居聚结合模式的“共富”发展路径：地方政府和管理机构应当充分发挥引导、支持和监管作用，为民宿的建设和运营提供财政扶持和整体性规划。在财政扶持方面，出台民宿信贷政策，拓宽融资渠道，引导资本、积极吸纳资本等多元投资参与民宿开发。在整体性规划方面，将乡村民宿业纳入当地整体发展规划中，强化与当地经济社会发展规划、城乡规划、土地利用总体规划、环境保护规划等有效衔接。市场可为民宿经营者提供针对性的保险产品，提高民宿的抗风险能力。旅游企业应当整合民宿相关项目，拉动相关产业发展，推出系列文化品牌服务及产品，以文化重塑民宿建筑空间，形成复合协同的多元产业结构。当地民众应当积极参与民宿产业就业，拓宽村民收入渠道，改善家庭生计，有利于构建公平合理的资源配置和收益分配机制。农村社区可以成立、乡贤理事会、道德理事会、村民议事会，提高村治水平，激发村民参与公共事务的主动性，处理好经营者与当地居民之间的关系，形成和谐共生的民宿环境；同时，开展模范孝道家庭评选活动，以良好家风涵养文明乡风（图 2-4）。

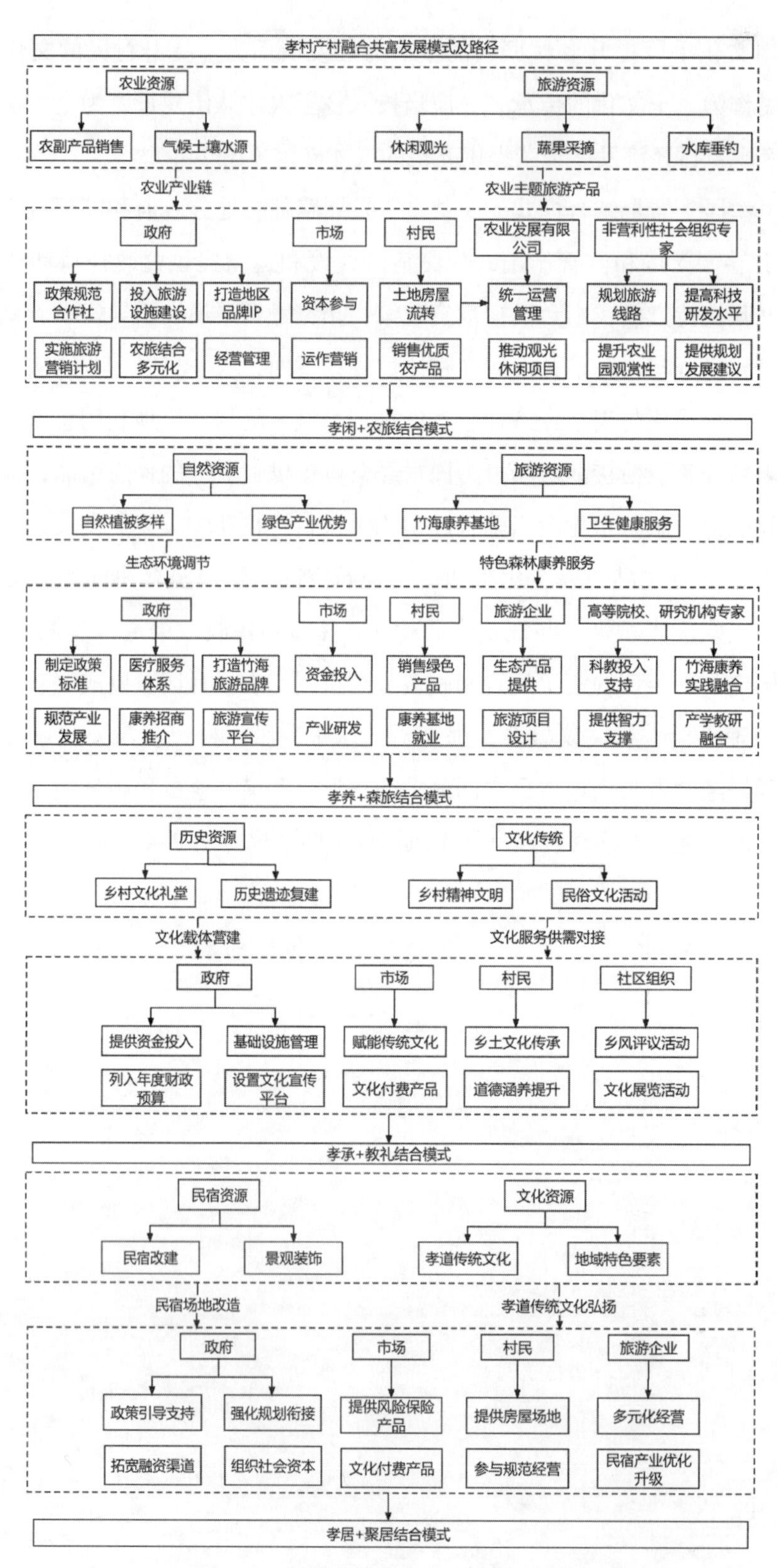

图 2-4　孝村产村融合发展模式及路径

2.5　总体规划

2.5.1　功能分区图

通过对孝村的自然地貌特征分析，结合展示自然生态和文化，孝村的村域空间结构可以划分为农业观光休闲、茂林竹海涵养、孝道文化展示、高山生态民宿四个发展组团和相应的功能分区（图 2–5、图 2–6）。农业观光休闲组团的功能分区是“孝闲＋”，以村委会驻地庙下自然村为区块，依托钱王文化和佛教文化，大力发展观光农业和休闲度假旅游，核心设计区域为孝水清漾休闲、孝田润心采摘。茂林竹海涵养组团的功能分区是“孝养＋”，依托万亩竹海等优越的自然生态资源，对三大组团进行生态渗透，为各村落其提供优良的生态环境，核心设计区域为孝树延年游憩、孝山竹海康养、孝林毛竹生产。孝道文化展示组团的功能分区是“孝承＋”，以孝村自然村委区块，依托孝道文化，结合村内优美的自然环境和悠久的历史文化，打造孝文化主题特色旅游村落，核心设计区域为孝礼农特售卖、孝道文化传承。高山生态民宿组团的功能分区是“孝居＋”，以高山窑田畈自然村为区块，依托高山丰富的生态文化，发展高档民宿，核心设计区域为孝居遗香民宿。

图 2–5　孝村村域空间结构图

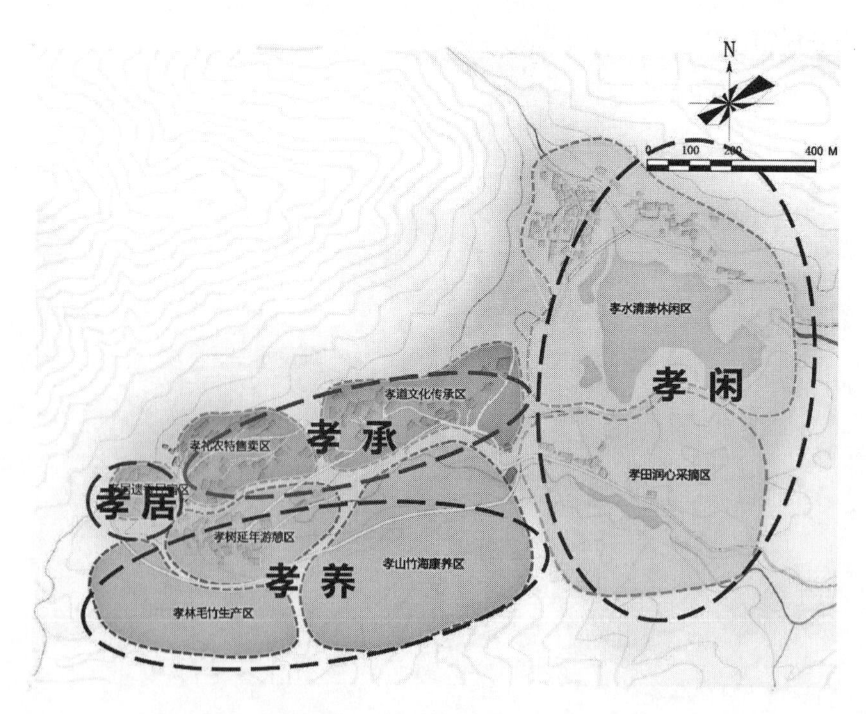

图 2–6　孝村村域功能分区图

2. 5. 2 规划总平面图

规划总平面可以分为“孝闲＋”“孝养＋”“孝承＋”“孝居＋”等四大功能版块（图 2–7）。“孝闲＋”功能版块中，包括清漾水库和润心蔬果采摘园。“孝养＋”功能版块中，包括哭竹生笋、涌泉跃鲤、亲尝汤药、恣蚊饱血、孝拳公园、孝溪叠翠、孝桥流水、孝慈广场、百里负米、孝礼农特、孝山竹海游步道、孝水迎宾。“孝承＋”功能板块中，包括三善堂、文才世家走马楼、孝德文化广场、破冰逐鱼。“孝居＋”功能板块中，包括亲孝停车场、孝善居、孝子亭。

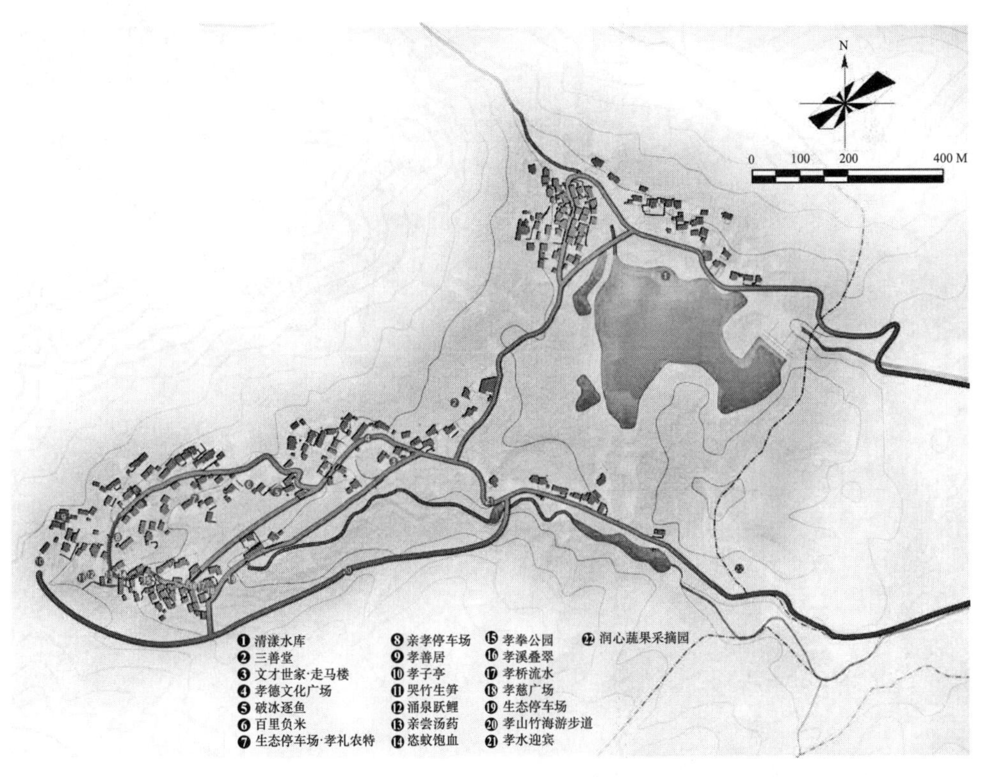

图 2–7 规划总平面示意图

2. 5. 3 交通规划图

乡村交通体系按照原有乡村机理进行梳理，在结合原有道路和发展规划目标的原则下进行规划设计（图 2–8）。孝村交通规划由孝旅精品外环线和内环线组成，其中主要游线作为外环线主要贯穿山水林田湖等自然山水风光，通过主要环线连接孝闲＋、孝养＋、孝承＋、孝居＋的四大功能区，游线上设有三处地面停车场，便于游客的车辆停放和驻足观赏景点。两条次要游线作为内环线主要连接人文历史景观、村内绿地组团和房前屋后场地，服务于内部居民的日常交通活动。游客可以在村入口和节点停车场处租用多人共享自行车，聆听萧萧竹声，还可以锻炼身体，滋养身心。设置不同游线路段，培养亲子之间的情感，共享天伦之乐。多样性的道路系统把游览节点和景观观赏点相互连接贯通，能够便于外来游客和车辆的游览。

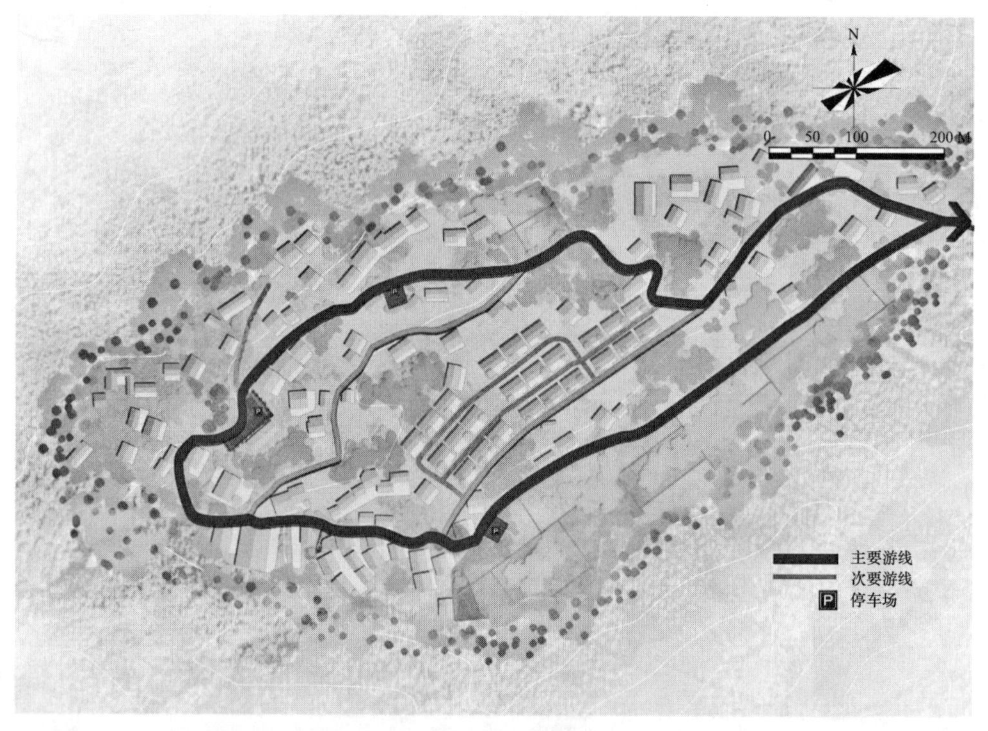

图 2-8　交通规划图

2. 5. 4　绿化景观规划图

孝村的绿化景观规划共设有三个景观轴心，一条主要景观轴和一条次要景观轴（图 2-9）。景观轴心分别为亲孝停车场、孝慈广场和孝德文化广场，游客可在此观赏、体验孝村景观和文化。通过打造孝村的主次文化景观轴线，展示孝村村落文化，引导人们深入了解和游览孝村。

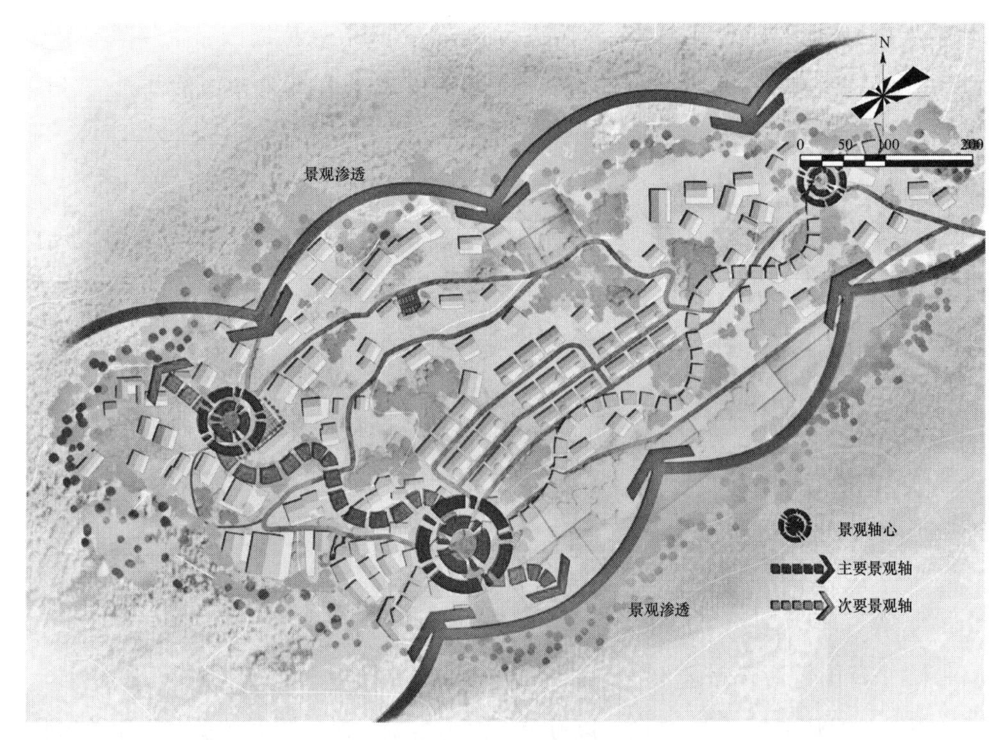

图 2-9　绿化景观规划图

2.6　详细设计

（1）孝田润心采摘区

在亲子体验方面，规划区域为孝田润心采摘区（图 2-10），游客在进入村庄之前，可以前往润心采摘园体验采摘乐趣，该区域以传统农业产业为依托，推进农产品采摘、观光旅游、孝文化体验为一体的发展模式。孝村政府积极推动猕猴桃采摘园改建工作。推进系列农产品标准化种植、精深加工、精准运营和融合发展，依托当地丘陵、山地、乡村旅游等资源，主要面向一日游的亲子蔬果采摘和农田劳作体验活动，实现农产品产业优势变文旅产业优势，大力发展农业旅游融合。

（2）孝水清漾休闲区

在乐山乐水方面，规划区域为孝水清漾休闲区（图 2-11）。水库边新建道路，方便游客前往其余区域，也可以在此体验垂钓和漫步孝道的乐趣，欣赏清漾水库的美丽风貌，感受乡村自然的野趣。孝水清漾休闲区以孝村村湖田坑北部的上游水库为主体，通过对现有的水库景观进行改造，通过在水库周围布置芦苇等湿地植物景观，修建骑行步道和设置垂钓区，让城市游客在欣赏水库波涛荡漾的同时，与亲人共享骑行和垂钓的休闲时光。

图 2–10　孝田润心采摘区

图 2–11　孝水清漾休闲区

（3）孝山竹海康养区

孝山竹海康养区（图 2–12）以万亩竹海为主景，通过深度挖掘竹海康养区特色资源，积极探索孝文化内涵和竹海康养的结合，提供创新型的竹海康养产品。孝村位于城市近郊，方便城市游客周末出行，承载当地城市居民和中小学生的自然体验、文化教育、日常休闲健身、风光游赏等活动，通过弘扬新时代孝道精神和中华优秀传统美德，展示当地的生态建设成果、历史文化底蕴和居民生活图景，提升居民思想境界和推动竹海旅游可持续发展。

（4）百里负米

通过设立百里负米雕像，游客在进入村庄的道路上，可以感受百里负米背后所蕴含的文化，也能在通幽曲径处感受孝村古韵，拍照打卡（图 2–13）。通过创建特色生态旅游品牌，能够将当地具有生态特色的风景风貌和孝文化、民俗文化、康养度假、休闲运动等项目有机结合，开发竹海康养、生态研学、康养度假、竹海运动等竹海旅游活动，提升品牌发展内涵。

图 2–12　孝山竹海康养区

图 2–13　百里负米节点设计

（5）孝德文化广场

孝德文化广场位于孝道文化传承区，包括孝村村史碑、新二十四孝长廊、孝德文化礼堂、村规民约墙等设计要素（图 2–14）。破冰逐鱼作为孝文化的载体，可以在此感受新二十四孝的魅力，接受党建文化的熏陶，还可以在此欣赏民俗表演，促进了村庄孝文化的营造。

（6）孝善居

孝善居节点设计遵循保护生态本底和文化本底的原则。游客在亲孝停车场下车后，可以在长廊处欣赏孝道故事，还可留宿孝善居，感受孝道文化。孝善居设有孝悌墙、百年古树、孝乐佳院等设计要素（图 2–15），营造了浓厚的孝文化氛围。

图 2–14　孝德文化广场

图 2–15　孝善居

第 3 章　希唐村——产村融合助推乡村共富实践

3.1　希唐村基本概况

希唐村隶属浙江省衢州市龙游县，位于湖镇镇的南部丘陵地带（图 3–1），村域地处东经 119° 16′、北纬 29° 00′。全村区域面积 5.21 平方公里，拥有园地 128.0 公顷、林地 160.8 公顷、耕地 34.8 公顷，总人口 2494 人。村域内具有部分低山，地形整体呈南高北低的趋势，高程最低为 54.17 米、最高为 173.00 米，坡度较大地区主要集中在东南部和西南部。

希唐村积淀着丰厚的历史文化，自然环境优美，社阳溪沿村而过，生态本底条件优越，集聚山、水、林、田多要素，整体呈现“两屏夹带”的山水格局，拥有 “观山、见田、揽溪”的独特生态优势。属亚热带季风气候区，全年四季分明，年平均气温为 16.3～17.4℃。具有“春早秋短、夏冬长，温适、光足，旱涝明显”的特征。另外，希唐村坐落在衢州市最东边接邻金华市，龙游互通高速与希唐村相邻，通过一小时交通圈可以到达金华和衢州，2022 年杭衢铁路的全线贯通使得其与两市间的联系更加紧密，希唐村的对外交通更加便捷。

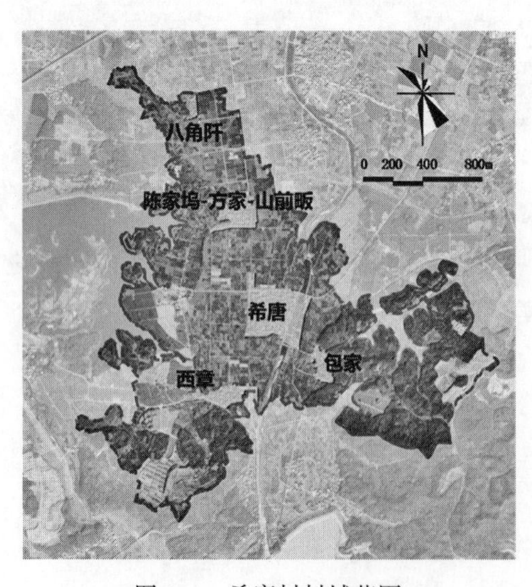

图 3–1　希唐村村域范围

3. 2 “共富”目标下的特色资源分析

3. 2. 1 特色溪水资源

希唐村内的山林田溪资源恰是生态产品的重要组成部分，其中社阳溪作为希唐村的重要水系，发挥着重要的作用（图 3–2）。

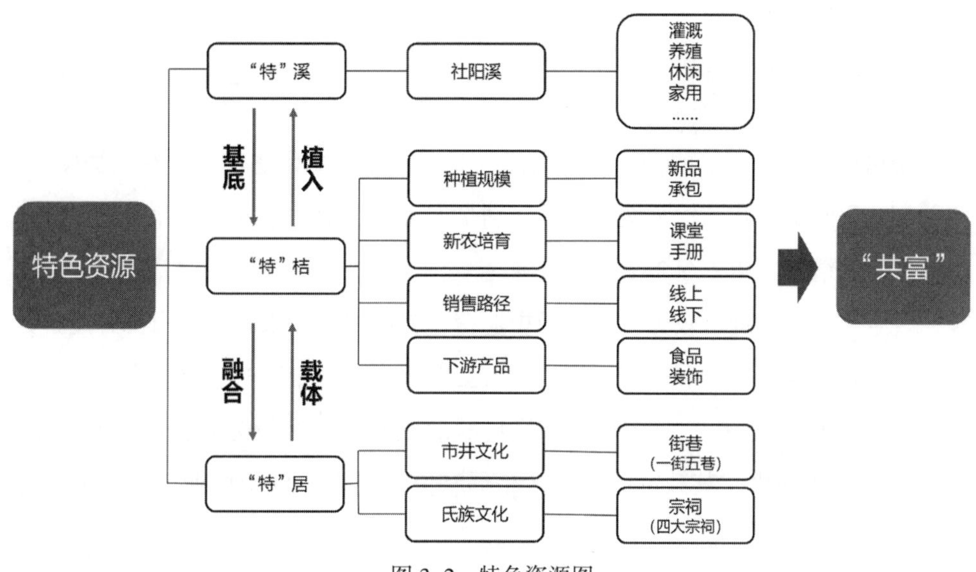

图 3–2　特色资源图

社阳溪南北向穿村而过，在村内承担着灌溉、养殖、供应、净化等功能，该生态系统服务具有独有的乡村特质。村民在溪岸进行许多日常活动，作为村内重要的娱乐及生活开敞空间，已实现部分价值转化，也是实现乡村生态资源转变为生态资产、生态资本的前提。此外，社阳溪富有多样的使用功能，其上游地势较高，拥有部分砂石滩地；中游建设有汀步，休憩平台等，提供了良好的亲水空间；下游与一片森林相交，环境优美、自然归野。另外，山林田等自然资源与社阳溪形成了良好的生态系统体系，有利于生态产品的有效利用转换。因此，希唐村现有溪水是其共同富裕之特有因素，多功能效用的产生将带来无限的效益。

3. 2. 2 特色桔产资源

希唐村主要产业为第一产业，占地面积约占总用地的 80.49%。村域内物产丰富，特别是桔类资源（图 3–2）。而今，作为希唐村的主导产业，柑桔种植面积已达 2300 亩，占总面积的 29.4%，其中有将近一半的种植面积从邻村承包而来，现已形成一定的种植规模。同时，得益于优良的气候条件和地形，柑桔也颇有收成，产业年创纯利已达 100 余万元。此外，希唐村的桔产资源同时促进了产业一体化的下游发展，例如红美人酒、桔蜜罐头、桔饰等，均具有较好的价值转换路径，大大提升了与农民增收致富的协同程度，形成良好的互惠体系。因此，希唐村现有的桔产资源恰是其共同富裕之特有，是促进共同富裕的良好根基，圆润光泽、酸甜幽香的多品种柑桔更是促进经济发展的基础。

3.2.3 特色文化资源

希唐村积淀着丰厚的精神文化内涵，拥有较多的文化遗存，具有宗祠文化、市井文化、码头文化、饮食文化等，特别是古民居建筑及宗祠的留存更是承载着村落丰富的精神文化（图 3–2）。

现今，希唐村拥有较为完整的历史遗存，就市井文化来看，村内富有龙游典型地方风格的传统宗祠和民居，作为龙游县东部门户，希唐村聚集了众多商人促进了市井文化的发展，“一街五巷”格局的形成使其具有较为完善的街巷体系，市井文化应运而生，其独特的古街区格局和空间形态是江南商业、街市的典型代表。

另外，就氏族文化来看，希唐村周氏宗祠、叶奶古宅、吴氏宗祠、叶氏宗祠四大宗祠的保留凸显着村落氏族文化的昌盛。过去，宗祠作为重要礼仪活动以及议事的主要场所，同时还是提供活动的娱乐空间，招待宾客的社交场所，具有举足轻重的地位。如今，希唐村的宗祠并未得到完全利用，但作为村落的文化场所依旧具有活力激发的潜力，值得挖掘。此外，三寿庵、古建街巷、古树古井古码头的留存同样也彰显着希唐古韵，吸引了游客前来观看打卡，希唐村现存村民聚居的古街也融合着新旧力量，它们同样也作为文化精神的载体，刻画着不同历史阶段的记忆符号。因此，纵观希唐村现有古居古建是其共同富裕之特，具有极大的发展潜力以及价值转换可能。

3.3 发展理念与定位

根据现有基础分析，可将希唐村内的自然山田、柑桔产业、古迹遗存等自然、产业、文化方面的优势进行有效凝练协调，形成希唐村独特的发展路径，提出“希唐梦·未来乡村”的发展目标，以期促进共同富裕。

未来发展方向从生态体系、特色产业、古建资源三个维度出发，形成生态复兴梦、田园悠然梦、乡愁归居梦，体现生态共富、生产共富以及生活共富。其中，生态复兴梦将“溪”作为核心，生态空间的保护、生态产品价值的转化具有支撑作用，打造生态场景；田园悠然梦的打造引入乡村运营，打造希唐桔乡模式，既促振兴，亦解乡愁；乡愁归居梦则基于丰富的古建资源，对古建进行活化利用，促进乡村文化的可持续发展，也为农民农村迈进共同富裕提供了发展的新思路。

同时，村内山溪、桔林和古居三大要素的提取可对应三梦，融合三生共融理念，可形成生产、生活、生态三个方面的共进发展，彼此交叉共生。另外，乡村规划中划定的“三生空间”，一方面是要为社会经济的发展和乡村发展提供科学的空间用地保证；另一方面则是要保护生态环境底线，为乡村发展提供必须的生态资源保障。因此“三生空间”的内部结构和分布格局是实践活动的客观结果，三生共融的开发理念能将希唐村的资源有效串联，具有自然规律性与主观能动性，将促进希唐村绿色健康发展。

此外，山溪要素的提取重在发展生态教育、地域特色、多样活力。秉承着生态要素可适范围内的最大利用，将社阳溪两岸的生态特质进行挖掘，塑造多样水岸风貌、功能复合，包括研学、康养、休闲、文化、体验、游乐等多功能；“桔”要素的提取则是发挥现有产业的最大动能，依托桔海、桔香、桔颂、桔网，营造桔产业价值链；古民居要素的提取旨在充分进行活化利用，营造独具特色的“一人巷”和“二人巷”街巷空间，再现古朴老街情景，将历史文化记忆进行留存，对传统建筑空间植入新功能、新业态，促发新活力，同时提升建筑质量，包括拆改建，优化建筑空间布局，改善人居环境。自此可凝练出下自成“溪”、橘里飘香、古韵再现三大绘卷，共同谱写国家生态教育的乡村学校、长三角桔香产业的重要基地、浙西古建文化展示的样板窗口的共富篇章。

3.4 “共富”发展模式与路径

3.4.1 “共富”发展模式

产村融合“共富”发展模式是通过精准识别乡村禀赋优势，深入挖掘美丽资源，积极延展特色产业发展，全面打造产业链网，统筹乡村功能混合发展，实现产景村共发展等手段，从而促进产村融合，助推乡村发展，实现乡村共富的模式。

精准识别乡村禀赋优势，深入挖掘美丽资源。希唐村委会因地制宜，立足生态优势，根据希唐村自身特点，深入挖掘希唐村美丽资源和历史基因，提取了“溪”“桔”“居”三大要素。发挥原始生态基底和初始产业优势，希唐村委会牵头开发长年抛荒的土地，鼓励村民种植柑桔、茶叶和杉木等本土特色经济林，打造了以桔为主的特色产业，同时利用溪水景观开发、古建功能更新，盘活村域美丽资源，一方面改善当地生态环境，更是培育了希唐村民致富增收的新增长点。

积极延展特色产业发展，全面打造产业链网。希唐村促进村民与特色资源开发企业、合作社合作，实现合作共赢，促进符合希唐村发展规律的柑桔产业发展，实现特色资源产业链式发展，促进政府和企业实现正向收益，促进产业链发展与生态共生协调发展。同时希唐村委会努力激发乡村建设主体活力、鼓励村民主动参与到柑桔种植、场地经营等产业活动中，保障村民的基础收益，使村民充分发挥主人翁精神，激活乡村振兴的内生动力。

统筹乡村功能混合发展，实现产景村共发展。为协调乡村产业和景观统筹发展，在保持乡村三生空间和谐的基础上，希唐村委会通过规划设计提高村庄观赏价值和美学价值，加大品牌效应，同时将柑桔打造为希唐村整体形象，形成“一村一品”。尊重希唐村地域文化，以“产—景—村”融合推进发展，以“溪”“桔”“居”为主线进行村庄景观打造。通过入口设计、场景营造，打造典型公共空间，促进乡村景观系统的提升。

3.4.2 “共富”发展路径

希唐村在产村融合助推的共同富裕模式中，遵循“产业兴旺、生态宜居、乡风文明、治理有效、生活富裕”五大乡村振兴要求，并在共生发展理念指导下，充分挖掘村庄资源特色，充分发挥政府、企业、居民等行为主体的积极性，构建三方合作机制（图 3-3），同时产村融合“共富”发展路径以“溪”“桔”“居”为主线，通过生态价值转化、产业高质量发展、历史文化传承利用等手段，实现以“溪”为主的生态资源开发、以“桔”为主的特色产业打造、以“居”为主的古韵遗存利用。

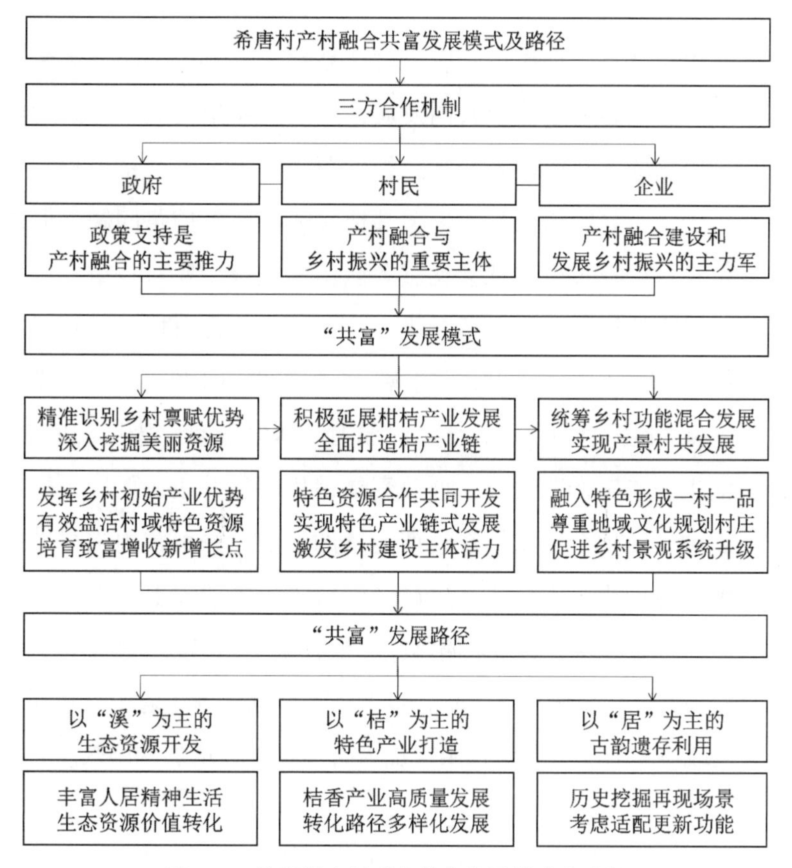

图 3-3 希唐村产村融合共富发展模式及路径

以“溪”为主的生态资源开发：以社阳溪为载体进行生态价值转化，将乡村生态资源转变为生态资产、生态资本，结合不同人群的需求，分段式开发社阳溪。通过社阳溪中下游两岸沿线及溪上项目开发，提高社阳溪利用率，满足居民的日常休憩需求，丰富人居精神生活，同时将生态资源转化为旅游产业资本，将有形的溪水资源转化为无形的旅游产业。社阳溪中游贴近居民生活，因此提高两岸连通性、观赏性、休闲性和文化性，增设汀石漫步、亲临希溪、文墨平台、古桥幽梦、岸芷汀兰等节点，完善两岸基础设施，使人能够亲近并利用社阳溪，加深与社阳溪的关联和互动，提高居民生活品质。社阳溪下游贴近原始森林，因此，结合自然感知、健身康养，利用并扩宽优势，打造林籁溪韵、林中木屋、林下求知、归云白亭、鸿蒙广场、健身步道、滨溪游步道等节点，提高自然资源利用转化率，增加景观观赏感和旅游体验感，塑造“两道一绿一溪”的美丽社阳溪沿线。

以“桔”为主的特色产业打造：促进希唐以“桔”为主的产业高质量发展。做大做强柑桔产业，推出“希唐”柑桔品牌，不断扩大产业规模，向周边承包种植面积，形成村村合作，共同发展，形成产业聚集效应；同时希唐村委会积极鼓励村民创业，在村内合作社进行学习，培养自身产销思想，主动闯市场，自己卖桔子，培养贩销大户，为全县桔农解决桔子销路问题。促进农业现代化发展，组建村农技推广和社会化服务队伍，配备专职科技组长，不断提升品质，提升村民主体运作能力，不断优化产业结构。希唐村积极延展产业链发展，向上游研发、培育，下游包装、销售、加工等方向不断完善，打造研发、培育、种植、包装、运输、销售、宣传、深加工一体化路径，提供希唐蜜桔一条龙服务，同时促进一二三产业融合，推动蜜桔销售转型升级，促进柑桔价值转换路径多样化发展，促生全域柑桔系列产业链的发展，并引领周围村域的统一发展。注重不断拓宽销售渠道，拓宽生产经营模式，搭建线上线下结合的销售平台，提升品牌知名度，线下举办采摘体验、桔香集市、丰收节等活动；同时将直播引入田间地头，进行现场直播带货，线上线下互动，为果农牵线搭桥，拓宽销路，通过上级政府大力支持和镇长亲身加入直播推荐，增加网络热度，吸引网友关注。

以“居”为主的古韵遗存利用，对历史遗存的古建、古民居进行修缮更新，保留原有面貌，注重历史保护，同时对闲置古建进行新的功能注入更新，并注重与古韵的契合度。一方面，对历史文化遗存地，进行历史挖掘，使人如归旧梦，再现旧时场景。在历史老街中设置各类不同的雕塑，塑造典当售卖、商贩议价、肩挑扁担、孩童嬉闹等主题场景，再现街市过去商业繁闹情境，塑造旧时生活画面；使用仿木栈道、枯山水、船型种植池和货运景观小品等再现码头场景，感受希唐曾经的码头漕运之热闹繁华；修复遭受破坏的希唐堰，回顾历史记忆、留住希唐乡愁。另一方面，更新古建古民居功能，将周氏宗祠更新为乡贤回归创业馆，展示乡贤风貌及希唐风采；将吴氏宗祠更新为国风书院和养安院，提升生态性和教育性；将叶氏宗祠更新为村史展览馆，增加村史厚重感和历史记忆；同时，将三寿庵更新为桔子工坊，利用古民居改造为古风民宿，激发场地新功能，增加共富新增长点，促进文化产业和旅游产业的发展。

3.5 总体规划

3.5.1 功能分区图

希唐村村域规划遵循自然资源和历史遗存，以共同富裕为目标，以产村融合为内核，将桔作为主要核心要素，围绕桔的种植、销售、观赏、生活等方面，对该区域产业、人居、生态等空间进行规划，形成“一心一轴三分区”的功能分区（图 3–4）。其中一心为“希唐糖心”，是该村生产生活的核心区域；一轴为溪涧生态轴；三大功能区块分别为生态空间：生态支撑，生活空间：桔里安居－滨水安居－临山安居，生产空间：桔香种植－桔香农销－桔香漫游。

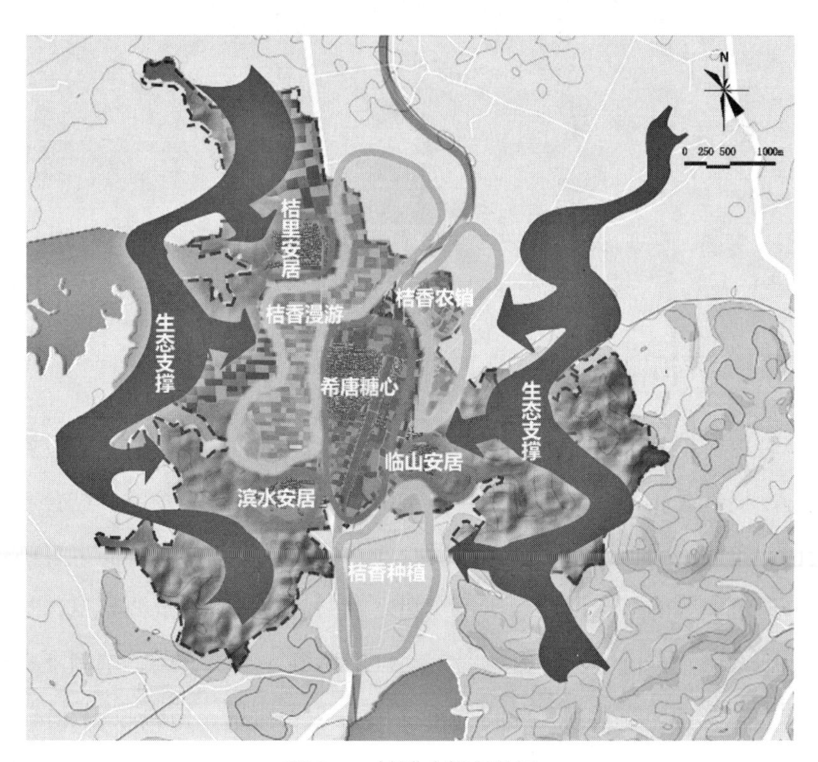

图 3–4 村域功能布局图

希唐村核心区域规划在村域空间组织规划的基础上，以桔、溪水、古建为核心要素，综合考虑产业分布、游憩空间、居民生活等要求，对该区域进行更为细致的空间规划，形成“一带一圈两轴四分区”的功能分区图（图 3-5）。其中一带为溪涧游憩休闲带，一圈为绿水青山生态圈，两轴为陆社芸香发展轴、桔香古韵发展轴。

图 3-5 核心区功能布局图

A1 绿涧研学康养区、A2 绿涧休闲文化区、B1 桔香漫游体验区、B2 桔香数字互动区、B3 桔香农产交易、C1 古韵集聚生活区、C2 绿涧亲水游玩区、C3 山水相融民宿区、C4 居民活力生活区、D 古韵文化核心区

3.5.2 规划总平面图

围绕希唐村桔香产业发展，提升村民居住幸福感，完善村域基础设施和公共服务设施，促进高质量发展，建设共富希唐村，带动旅游业发展，结合希唐原有文化资源、自然资源，设计了下自成溪绘卷、橘里飘香绘卷、古韵再现绘卷三大绘卷，并通过实际的节点设计落实于空间之中。借助自然自资源禀赋，打造归云白亭、亲临希溪、古桥幽梦、竹海漫游、盘山秘境等亲溪节点，绘制下自成溪绘卷；借助人文资源禀赋和自然资源禀赋，打造文人大坎、桔海瞭望、桔海漫步、古樟奇景、桔香一条街、共富综合体、百桔园、桔红平台、采桔园等橘香节点，

绘制橘里飘香绘卷；借助人文资源禀赋，打造乡贤回归创业园、国风书院、创客空间、村史展览馆、古居拾忆、桔子工坊、再忆漕运、再忆希唐堰、古风民宿等节点，绘制下自成溪绘卷（图 3–6）。

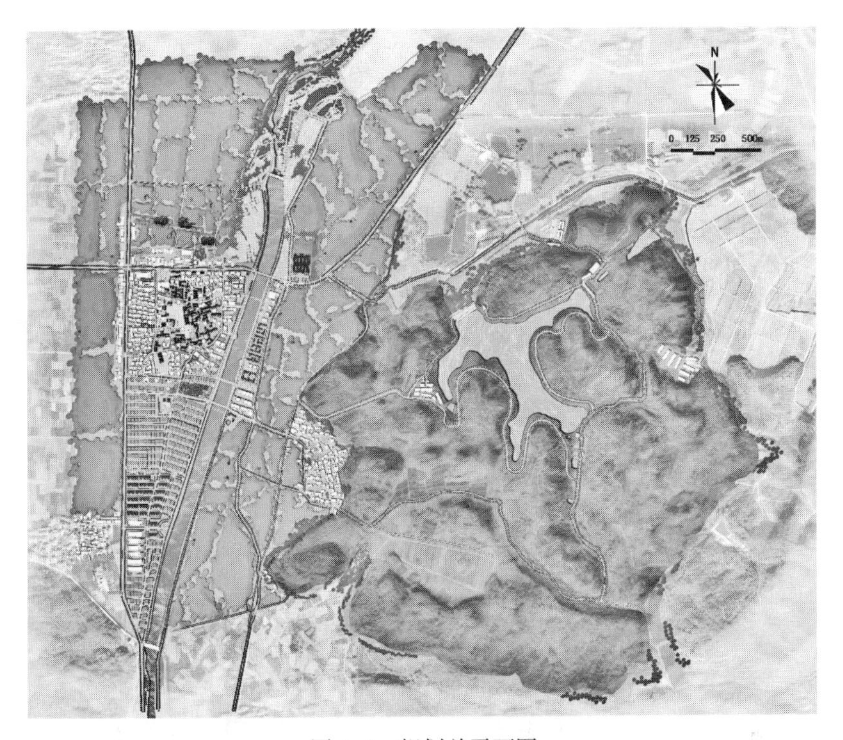

图 3–6　规划总平面图

3.5.3　交通规划图

结合原有道路肌理，根据村民出行、产业运输、旅游等多重要求，对村庄道路进行梳理、升级，打造“三环、四纵、五横”的交通格局。其中三环为“村庄内环、村庄外环、山间道路”；四纵为村庄南北向道路，由一条一级道路和三条二级道路构成；五横是村庄东西走向道路，由一条一级道路和四条二级道路构成（图 3–7）。

根据希唐村人口规模、产业经济发展需求及旅游发展前景等情况，合理规划停车场的位置和规模，结合各地的需求和对象不同，设置集中停车空间和多点分散停车空间，缓解“停车难”问题，同时强调停车场生态性建设，解决居民生活问题（图 3–8）。

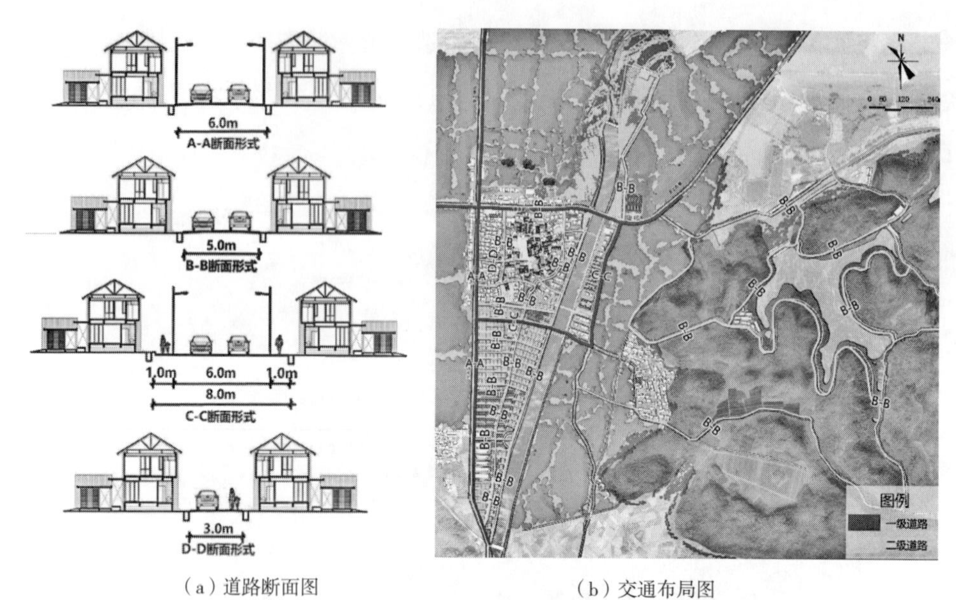

（a）道路断面图　　　　（b）交通布局图

图 3–7　车行交通规划图

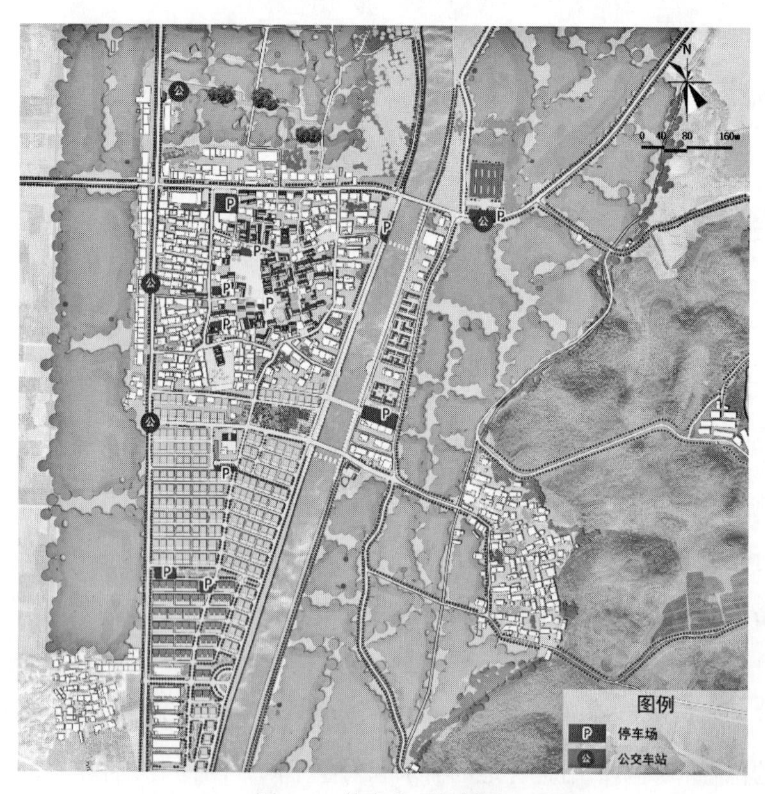

图 3–8　静态交通规划图

3.5.4　基础设施规划图

根据希唐村现有的基础设施、集中居民点的区位和规模以及村庄未来发展定位，充分吸取村民意愿，进行必要的基础设施配备。规划在中心村内布置一个卫生所、一个游客中心、一个国风书院，将养老服务中心和健身活动场地位置进行更新，便于居民生活。通过增加和更新，完善希唐基础设施系统，为村民提供更加全面的服务，带来便利美好的生活，促进共同富裕（图 3–9）。

图 3–9　基础设施规划图

3.6　详细设计

（1）古桥幽梦

考虑村民出行的需求，更改桥的功能，将车行桥转为景观桥，同时增设符合希唐村古韵气息的古韵廊桥，满足通行需求。于廊桥中配备休憩座椅，可供游客驻足社阳溪之上，眺望远方，静享自然，感受社阳溪之美（图 3–10）。

图 3-10　古桥幽梦

（2）文人大坎

修复希唐村旧时原有大坎，增设大坎石碑，纪录大坎的历史和发展，促使原有状元聚集之处再次人杰地灵，形成希唐村人才之源。同时在该处结合村民出行需求，设置公交车站点，同时叠置木石、对现有桔林进行造景，丰富公交车站景观（图 3-11）。

图 3-11　文人大坎

（3）再忆漕韵

对原场地进行平整改造，使用仿木栈道、枯山水、船型种植池和货运景观小品等再现码头场景，搭配漕运文化展示墙，使人置身其中感受希唐村曾经的码头漕运之热闹繁华，“再忆漕韵”。保留原场地树木并加以保护，林荫下布置景观坐凳打造林下棋语休憩节点。对场地沿路街墙进行镂空改造，使视野通透，满足居民的游憩休闲需求（图 3-12）。

图 3-12　再忆漕韵

（4）国风书院

保留场地内部现有的吴氏宗祠风貌，通过增设国风卷轴、宣传栏、文化展墙、文化塑石、乡村景观小品、国风景墙等将国学文化融入设计，增加国学风貌，营造书院的学习氛围，提升场地趣味性、生态性和教育性，打造希唐村国风书院（图 3-13）。

图 3-13　国风书院

（5）再忆希唐堰

回顾并挖掘历史记忆，留住希唐村乡愁，修复遭受破坏的希唐堰，重现希唐堰。融合现有的桔林与灌溉沟渠，拓展乡村湿地建设，形成乡村小湿地公园。整体设计从橘的形态出发，充分体现橘的理念，湿地木栈道是桔的形状与希唐“Logo”的结合，与希唐形象形成呼应。实现生态、生产、生活结合的“三生”融合（图 3–14）。

图 3–14　再忆希唐堰

第 4 章　纸山小镇——品牌打造助推乡村共富实践

4.1　基本概况

泽雅风景名胜区，是浙江省省级重点风景名胜区，位于瓯海西部泽雅区，位于瓯江支流戍浦江的源头，地处温州瓯海区境内，温州瓯海的最西部，地理位置为东经 120° 17′ ～120° 26′ 、北纬 28° 00′ ～28° 05′ 。东起麻芝川，与泽雅镇区接壤，西至东山尖，与青田县接壤，北达凌云寺，南到崎云山。景区总面积 119.16 平方公里。

纸山小镇是泽雅省级风景名胜区八大景区之一，位于泽雅省级风景名胜区的东南部，西临崎云景区，南到黄坑村，北临泽雅湖景区，距温州市区约 18 公里，有景区公路与外连接，交通便利。小镇范围涵盖垟坑、外水良、水碓坑、横垟、唐宅、下良、西岸、黄坑八个行政村。小镇以古老造纸作坊及古水堆为核心的原西岸乡古村落群以及周围水系、山体，规划面积 5.5 平方公里（图 4–1）。

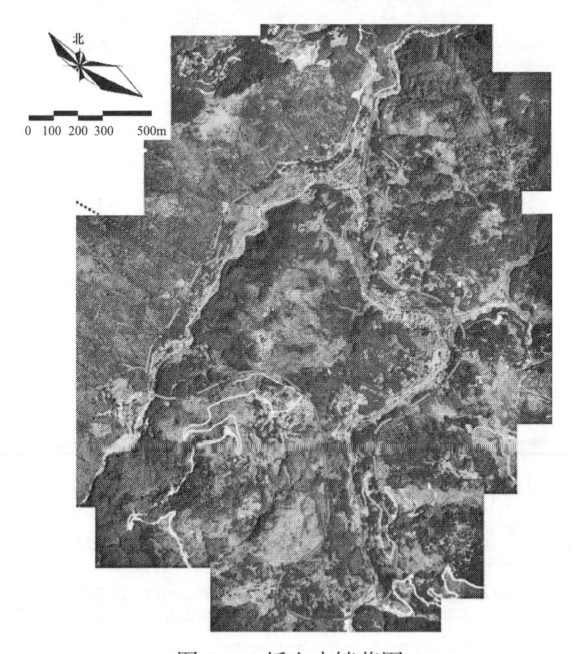

图 4–1　纸山小镇范围

4.2 “共富”目标下的特色资源分析

4.2.1 特色景观资源

纸山小镇自然资源丰富，景观类型多样。纸山小镇位于泽雅风景名胜区东南部，泽雅风景名胜区以群瀑、碧潭、幽峡、奇岩为特色，融朴野的山村风情为一体。有泽雅湖、纸山、五凤、崎云、西山、七瀑涧、金坑峡、高山角等主要风景区，游览景观广布于泽雅山区全境，全境有 200 余处名胜景点。因此，泽雅风景名胜区素有温州“西雁荡”之美誉，又称浙南大峡谷（图 4–2）。

图 4–2　纸山小镇梯田

纸山小镇内水流量充沛，溪流稠密，以龙坑溪为主要溪流，水系沿山谷而下，因小镇内独特的山谷地貌，溪水常年不竭，地表水含沙量少，水质较优，可以适合小镇内的日常游览、生活、管理用水，有极高的开发潜力。纸山小镇地处中亚热带南部地带，典型性植被类型为常绿阔叶林：小镇生长有 82 属 245 种植物，植物种类比较丰富。目前，小镇内的自然植被主要是常绿、落叶阔叶混交林为主，其次是人工林——毛竹林、杉木林。

纸山小镇内富含特色景观资源，风景秀美的龙坑溪穿越全区，伴有环境优美、凸显小镇特色的竹海，纯原生状态下的梯田和独特的体现山谷地貌的龙坑溪峡谷与垟坑溪峡谷。同时，小镇内有保存完好、具有很高研究价值的石拱桥，以及展示纸山文化及其文化载体的水碓坑村、横垟村造纸群和传统造纸专题展示馆等。

4.2.2　特色文化资源

纸山小镇蕴有独特的传统造纸文化（图 4–3），与民俗活动及文化载体同自然风光共同构成特色的文化资源。泽雅风景名胜区有宋代延续至今的纸山文化及“正月十三”挑灯节，其中纸山文化被称为“中国造纸术的活化石”。位处泽雅风景名胜区东南部的纸山小镇是以古老造纸作坊及古水堆为核心的古村落群，以造纸文化及其文化载体包括古村落、民居、民俗为主要特色，以造纸文化考察考古、古村落观光、民俗活动为主要游赏内容。目前，纸山小镇内部分布有垟坑捞纸作坊群、水碓坑村拱桥、“意纸斋”艺术家工作室、泽雅纸山民俗文化展示馆、传统造纸生产性传承示范点、横垟村造纸群、传统造纸专题展示馆、传统造纸体验区、黄坑村古民居、太师宫、龙井宫等特色文化景点。小镇以幽谷、碧潭、群瀑为特色，融古老的水碓造纸文化与朴野的瓯越山村风情于一体，丰厚的人文景观与原始野韵的自然山水风光共同构成一幅独特、古朴、宁静的浙南山水画卷。

图 4–3　纸山造纸术

4.2.3　特色村落资源

纸山小镇范围涵盖垟坑、外水良、水碓坑、横垟、唐宅、下良、西岸、黄坑八个行政村。

其中，位于纸山南部的黄坑村是纸文化古村落保存得较为完整的村落之一，其村内四面环山，山石垒砌的民居依山而筑，沿山势逐级升高，错落有致，呈现典型的台地式古村落景致。

位于纸山小镇西部的唐宅村群山环抱，溪流蜿蜒，自然环境极佳。其古法造纸技术沿用至今，保留了大规模的造纸作坊用地，是泽雅纸山文化的突出代表（图 4–4）。

图 4–4　纸山村落

4.3　发展理念与定位

共同富裕的最终目标不仅仅是在物质空间层面上的富裕，而是涵盖物质、精神、文化、生态、社会、公共服务等相关领域，是多方位的全面提升。因此，纸山规划发展必须是注重物质空间和精神文化的协同提升的规划。

通过规划对特色景观资源保护与提升以实现生态文明的全面提升。同时，深度挖掘纸山文化，丰富泽雅风景名胜区的历史价值和人文价值，使之成为泽雅风景名胜区的精华和特色资源。将纸山小镇建设成为以造纸文化景观和溪谷民居景观为主要特色，以寻访纸文化和民俗文化及丰富的活动体验为主要游览内容，以生态保护和生态利用开发为主要措施。成为面向浙江地区游客为主的具有纸山文化特色的省级风景名胜区中的特色体验教育和休闲之地。以此为村民带来收入，为产业发展带来契机，促进纸山文化传承与发展，实现物质空间与精神层面的协同发展，把握从低层次到高层次的过程富裕，走纸山小镇的特色共富之路。

4.4　共富发展模式与路径

4.4.1　“共富”发展模式

纸山文化小镇通过对内整合各个村庄资源，对外承接泽雅风景区研学功能，来确定自身特色文化艺术品牌。乡村特色品牌不光是打造，而是持续地宣传深化，融入到乡村生产、生态、生活、产品等各个方面，打造出文化层面到物质层面的持续盈利能力。通过深挖文化富矿、活化历史带动共富；促进政府主导，协同发展共创特色品牌；完善乡村基础设施，打造特色乡村景观，探索共同富裕的有效路径（图 4–5）。

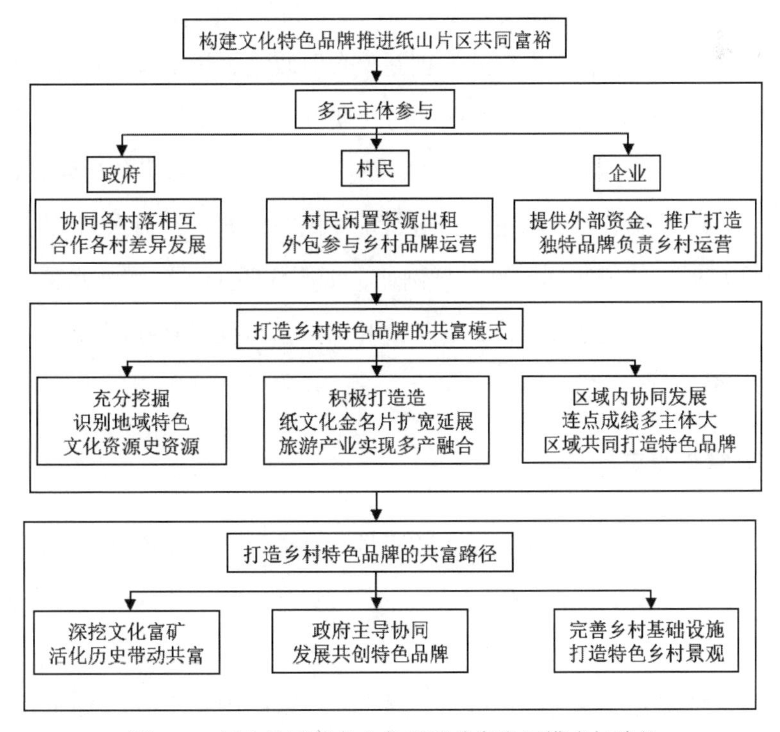

图 4–5　纸山片区特色文化品牌共富发展模式与路径

乡村品牌化，就是在乡村经营时，将乡村用品牌的方式进行经营和营销，经营与营销乡村特定的场域，在这个场域中，所有空间、时间、文化习俗、物品、故事、人物等一系列的东西用品牌经营的方式呈现。

发掘自身资源优势，打造特色研学品牌。以研学亮村打响乡村特色牌。纸山小镇涵盖垟坑、唐宅、横垟、下良、西岸、黄坑、水碓坑、外水良八个村落，首先对各个村落历史景观，人文价值进行发掘，突出造纸文化和溪谷民居景观等。营造出纸山特色品牌的环境氛围。以纸山文化为核心，构建与其一系列相关的场景以及活动空间。围绕研学特色 IP 打造系列活动推动各类产业的发展。因地制宜规划来构建高品质休闲旅游品牌。特色品牌不仅包含挖掘，展示推广更为重要。纸山文化小镇通过创办民俗文化专题展馆、唐宅造纸展馆等来展示泽雅纸文化的发展与传播。通过以教育＋旅游形式支撑起文旅产业的发展。文化展馆建立不仅扩大宣传了纸山文化，而且为百余户村民提供了就业岗位。除此之外通过小镇入口形象提升、纸山商业街区打造、旅游配套设施提升、外立面改造、造纸体验区建设来撬动提升纸山整体形象。乡村建设按照一村一品、一村一景、一村一韵的要求，推动特色产业配套布局，加快 A 级景区村庄创建打造。与泽雅风景区其他村庄景点连点成线，形成纸山乡村振兴示范带，打造纸山 IP。

打造整合资源的整村开发模式。创新整合财政资金折价入股模式，投资商以每年 7% 的分红返还村集体，如水碓坑村前期投入未来乡村、美丽乡村等财政资金近 2000 万元，引入君兰、安葵、兰里等三家社会资本和服务运营，带动村集体资产增长。通过盘活村级闲置公房进行统一民宿化改造，引入第三方运营，实现产业发展和村集体增收同步推进。例如，纸源村听涛民宿和外水良隐丛民宿，财政投入 160 万元进行基础改造，通过公开招租，与投资商签订 15 年合作协议，每年收入达 20 万元。

4.4.2 “共富”发展路径

近年来，该纸山片区响应省委省政府号召，持续深耕文旅产业，探索出与资源环境相辅相成的发展模式，研学品牌逐渐打响。目前该片区已列入全省首批未来乡村建设试点，助力乡村共同富裕。

微改造、精提升、盘活闲置资源。通过对乡村的闲置房屋、农田等资源的整合，引入第三方运营，统一进行改造规划，建成民宿以及研学基地。例如，研学一条街以及研学教育基地等项目，带动周边居民物业增收近 70 万元、研学基地分红近 30 万元。

片区协同化差异发展，互补共赢。泽雅镇坚持统一谋划，加速区域整体化、协同化、功能化发展，在未来乡村板块结合区域发展资源布局四大板块：林岙文旅融合板块、垟坑门户接待板块、纸源研学服务板块、神仙谷休闲度假板块。其中纸山小镇八个村庄承接纸源研学服务板块。纸源研学服务板块作为国家级非物质文化遗产——泽雅古法造纸术的精髓所在，利用未来乡村提升研学基础设施建设，成功引进温州国旅等三家大型旅行社共同打造纸山研学基地，每年可带来客流超10万人。

从环境、工程、运营三方面打造纸山品牌。一是打造环境精美工程，将闲置资源得以盘活利用，现有闲置公房、校舍、民房得到持续性的维护经营，同时周边环境得到同步的改造提升，各类水电管网等配套设施逐步规范化，村民生活环境大大改善，空心村变网红村。二是打造体验精致工程，将产业业态与传统资源进入良性互动，纸山文化、纸山传统逐步走出可体验、可消费的模式，纸山品牌的实现品质化转型。三是引进研学、民宿等专业运营团队，大大提升了运营管理水平，推进了乡村旅游品质提升，吸引了更多的游客消费，促进了村民、村集体经济的显著增长。

4.5 总体规划

4.5.1 功能分区图

规划范围为纸山小镇，位于泽雅省级风景名胜区的东南部，西临崎云景区，南到黄坑村，北临泽雅湖景区。小镇范围涵盖垟坑、外水良、水碓坑、横垟、唐宅、下良、西岸、黄坑八个行政村。规划面积5.5平方公里。纸山小镇的总体定位充分挖掘小镇的历史价值和人文价值，使之成为泽雅风景名胜区的精华和特色资源。同时将纸山小镇建设成为以造纸文化景观和溪谷民居景观为主要特色，以寻访纸文化和民俗文化及丰富的活动体验为主要游览内容，以生态保护和生态利用开发为主要措施。成为面向浙江地区游客为主的具有纸山文化特色的省级风景名胜区中的特色体验教育和休闲之地。

根据纸山小镇的特质，打造“二带四区七点”的功能分区。以龙坑溪、垟坑溪为基础规划二带：龙坑溪溪谷景观带、垟坑溪溪谷景观带；根据功能分四区：入口集散服务区、自然风光游览区、造纸文化观光区、生态农业体验区；根据现状资源以及功能分区规划七点：垟坑村商业服务点、外水良特色民俗点、水碓坑村纸山民俗文化展示点、造纸作坊观光、展示及体验点、下良村生态养生点、西岸村生态农业示范点、黄坑村古民居观光点（图 4–6）。

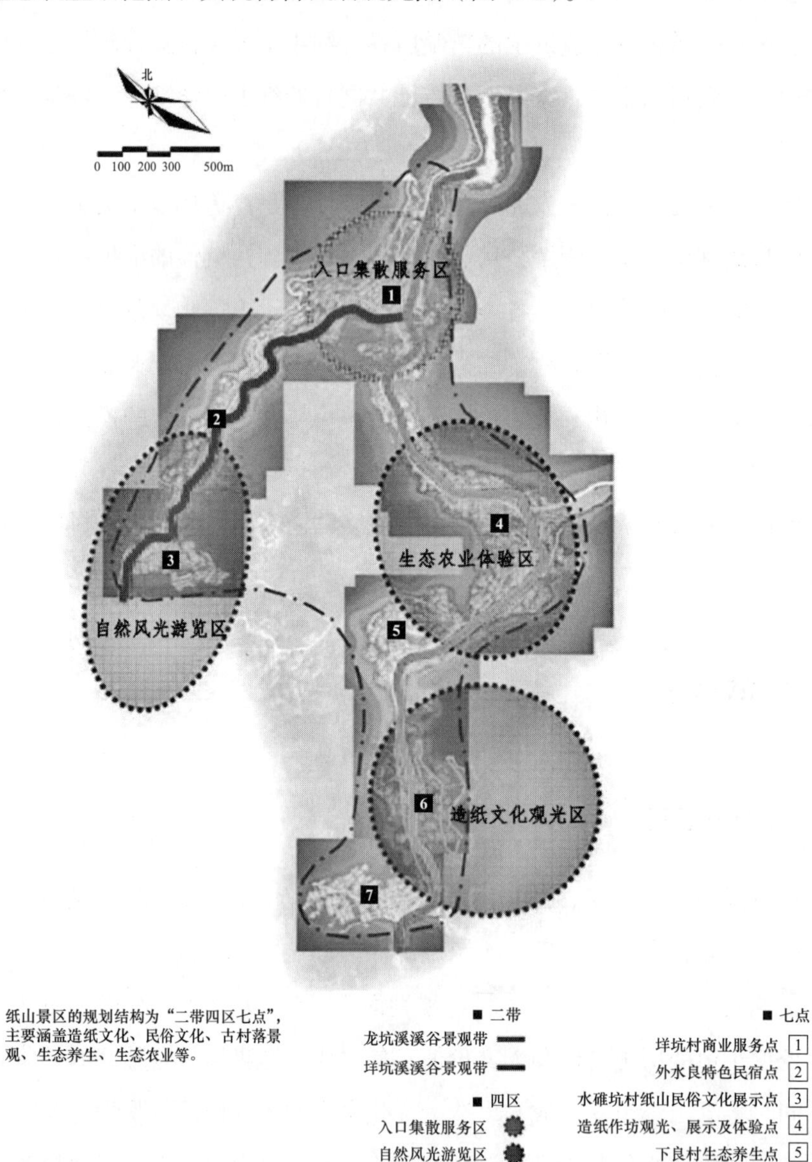

图 4–6　核心区功能布局图

4. 5. 2　规划总平面图

规划总平面可以分为龙坑溪观光带、垟坑溪观光带、游客中心、景区接待中心、纸山文化商业街、纸山民宿点、纸山文化展示点、造纸文化展示 / 体验点、下良生态养生点、西岸生态农业点、黄坑古居观光点（图 4–7）。

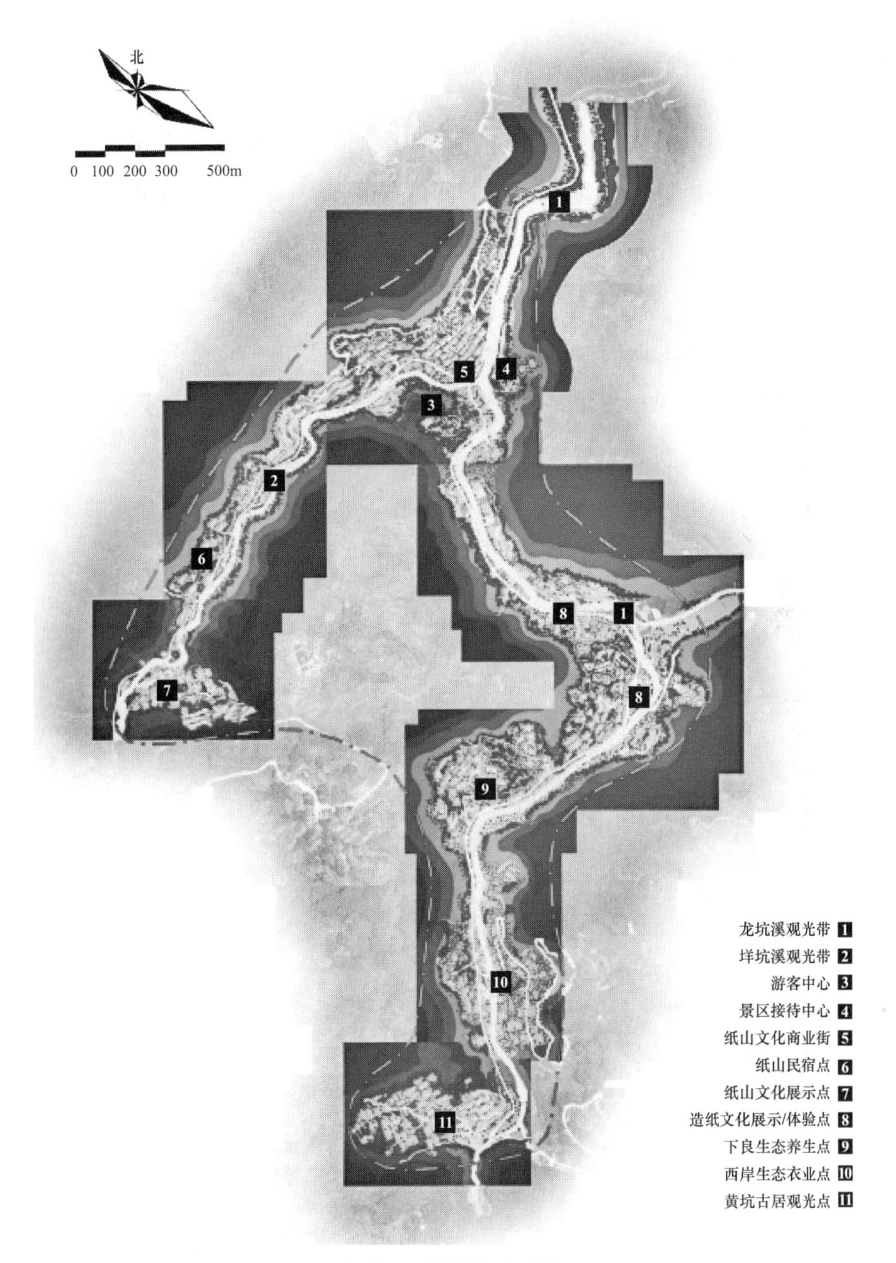

图 4–7　规划总平面图

从功能上可以分为四部分，入口集散服务区、自然风光游览区、造纸文化观光区、生态农业体验区。其中入口集散服务区位于小镇北部交通交汇处，交通联系便捷。根据资源分布情况合理设置自然风光游览区、造纸文化观光区与生态农业体验区。

4.5.3 交通规划图

结合纸山小镇的现有交通情况，完善并构筑层次分明的小镇交通系统，并将交通方式结合到游览线路中，丰富小镇的游憩经验。对外交通方面，青南村通过贯穿南北的主要区内车行道路与外界相连，在不破坏生态环境的条件下，规划改造现有6～7米宽的主要区内车行道路。在每个村落节点，利用可利用的平缓地形，建造生态停车场及临时停车位。考虑和泽雅湖景区的交通连接，完善和周边景区的交通循环系统。根据溪岸地形，在村庄西侧坪坑溪沿岸规划新建自然的游步道和栈道，从而达到人车分流的目的，也丰富了游览路线。

利用现有的山道，改造完善成登山步道，提高游览路线的选择性和可达性（图4–8）。

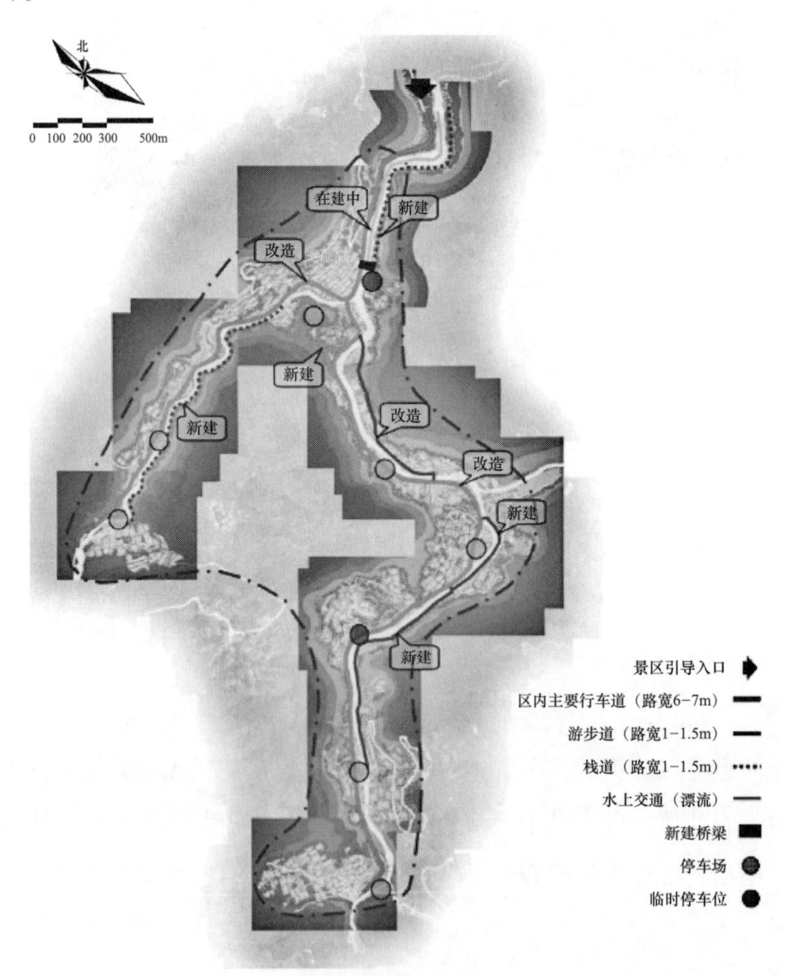

图4–8　交通规划图

4.5.4　基础设施规划图

基础设施包括标识导向牌、餐饮、公共休息点、公共饮水点、洗手间、停车场、公交车站点、住宿、小卖店、急救点、电话亭、保安处、邮政、爬山道（古道）等（图4–9）。总体上，纸山小镇的基础设施规划综合考虑到居民和游客的需求。

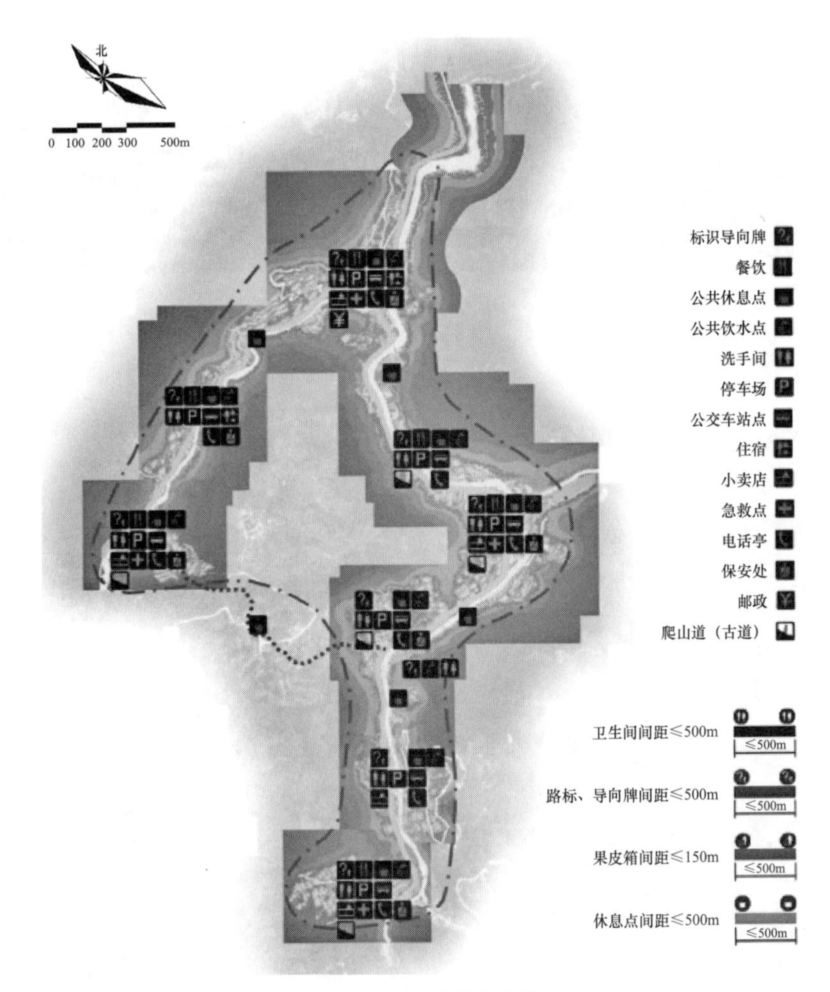

图 4–9　基础设施规划图

4.6　详细设计

（1）水碓坑村

纸山小镇水碓坑村位于泽雅镇纸山文化区的西南部，是纸文化古村落中保存得比较完整的一个村落。通过对纸文化的挖掘，规划建设实体的文化承载空间。

通过对村庄广场的营造，提供纸文化传播场地，提供村民与村民、村民与游客、游客与游客的交流场所。充分利用垟坑溪的自然条件，打造可供游玩、休憩、研学的游步道和栈道（图 4–10）。

图 4–10　水碓坑村节点设计

（2）黄坑村

黄坑村的纸文化古保存较为完整，典型的台地式古村落景致极具特色。因此黄坑村的节点设计充分尊重自然景致和历史文化。通过对纸文化载体空间的修缮改造，为纸文化的传承创造更具条件的室内空间，并协调室内外的公共空间，使得空间更具有文化性与趣味性。满足村民与游客的物质与精神需求（图 4–11）。

图 4–11　黄坑村节点设计

（3）溪谷

溪谷节点将原溪谷进行优化提升，保留自然植被。设置游步道、石板路等步行道路，增强景观互动性。通过溯溪游线连接小镇内部各纸文化节点，将自然游览与文化体验相结合。打造特色的溯溪游线（图 4–12）。

图 4-12　溪谷节点设计